Max Bolliger

DIE SCHÖNSTEN HEILIGENLEGENDEN

Hermann-Herder-Straße 4, 79104 Freiburg
produktsicherheit@herder.de

www.herder.de

Gesamtgestaltung: Weiß-Freiburg GmbH – Graphik und Buchgestaltung, Freiburg
Druck: Graspo, Zlin
Gedruckt auf umweltfreundlichem, chlorfrei gebleichtem Papier
Printed in the Czech Republic

ISBN 978-3-451-71614-0

Max Bolliger

Die schönsten Heiligenlegenden

Mit Illustrationen von
Ute Thönissen

HERDER

FREIBURG · BASEL · WIEN

Inhalt

JULI

AUGUST

SEPTEMBER

OKTOBER

NOVEMBER

DEZEMBER

Der Säulensteher

Simeon, 5. Januar

Simeon war der Sohn eines Bauern und verbrachte seine Jugend als Hirte. Schon als junger Mann hatte er den Wunsch, ein Eremit zu werden. Er zog in die Syrische Wüste und wurde dort in ein Kloster aufgenommen. Seine Mönche waren berühmt für ihren asketischen Lebenswandel. Mit seinen Bußübungen aber übertraf Simeon alle andern. Um vor den Qualen der Hitze und der Kälte nicht davonzulaufen, schmiedete er sich mit einer Kette an einen Felsen an. Einmal stieg er in einen ausgetrockneten Brunnenschacht und wäre verhungert, wenn seine Brüder ihn nicht herausgeholt hätten. Er ließ sich einmauern und blieb vierzig Tage lang ohne Nahrung. Darauf bat der Abt ihn, das Kloster zu verlassen, und gab ihm den Rat, allein zu leben.
Berühmt wurde Simeon als «Säulensteher». Auf einer fünf Meter hohen Säule mit einer kleinen Plattform verbrachte er dreißig Jahre seines Lebens. Dies ist durch Dokumente und Zeugen bestätigt.

Als Simeon sich entschlossen hatte, sein Leben auf einer Säule stehend zu verbringen, kamen die Leute von weither, um ihn zu sehen. Einmal in der Woche ließ er sich einen Korb mit Nahrung bringen, den er an einem Strick zu sich heraufzog.
«Warum tust du das?», wurde er immer wieder gefragt.
«Um dem Himmel näher zu sein», antwortete Simeon den Schaulustigen.
Sie belagerten seine Säule zu Hunderten. Viele hielten ihn für verrückt.
«Er will sich wichtig machen und bewundert werden», meinten sie.
«Er ist ein Heiliger», sagten andere.
Auch der Bischof hörte von dem Mann und seiner seltsamen Art, Gott zu dienen. Er wurde misstrauisch. Aber als er vernahm, dass es Simeon gelang, Kranke zu heilen, Streit zu schlichten, böse Geister auszutreiben und viele Zweifler zum Christentum zu bekehren, ließ er ihn gewähren.
In der Nähe der Säule hauste ein schrecklicher Drache. Eines Tages fiel ihm ein ellenlanger dürrer Ast ins Auge. Er fing an zu toben und um sich zu schlagen, aber es gelang ihm nicht, sich von dem Ast zu befreien. In seiner Not schleppte er sich zu der Säule Simeons. Die

Leute, die unter der Säule standen, liefen schreiend davon. Sie glaubten nichts anderes, als dass der Drache es auf den Säulensteher abgesehen habe. Es würde für ihn ein Leichtes sein, die Säule zu knicken und den Mann zu verschlingen. Aber es geschah nichts dergleichen. Der Drache rollte sich am Fuße der Säule zusammen und zeigte Simeon das durch den Ast entzündete Auge. Ohne Furcht sah Simeon auf das Untier herab, und plötzlich fiel das Holzstück heraus. Von den Schmerzen befreit, seufzte der Drache wohlig auf, streckte sich und blieb zwei Stunden lang, ohne sich zu rühren, auf der Erde liegen. Nachher kehrte er in seine Höhle zurück, und niemand brauchte sich mehr vor ihm zu fürchten.

Simeon starb im Jahr 459 auf seiner Säule. Er ist der Schutzpatron der Hirten. Zu seinen Ehren wurde Ende des 5. Jahrhunderts in Antiochia eine Kirche gebaut, deren Ruinen noch heute zu sehen sind.

Drei Könige

Kaspar, Melchior und Balthasar, 6. Januar

Zu den ältesten und bekanntesten Heiligen des Christentums gehören die Drei Könige. Wir wissen von ihnen aus der Bibel, dem Evangelium des Matthäus. Er erzählt von Sterndeutern im Morgenland, die einem Stern folgen, der die Geburt eines neuen Königs verspricht. Erst bei den Erzählern aus dem 6. Jahrhundert werden aus den Sterndeutern drei Könige, wohl der kostbaren Geschenke wegen, die sie mitbrachten: Gold, Weihrauch und Myrrhe. Die Geschenke sind nicht zufällig. Mit dem Gold wird die Königswürde des Kindes anerkannt. Mit dem Weihrauch wird es als Gott verherrlicht. Die Myrrhe ist ein Symbol für seine Sterblichkeit.

Die Namen Kaspar, Melchior und Balthasar bekamen die Könige im 9. Jahrhundert. Sie sind frei erfunden. Den Menschen galten sie auch als Symbol für die damals bekannten Völker: Afrikaner, Asiaten und Europäer. Damit brachten die Erzähler zum Ausdruck, dass die Geburt Jesu für die ganze Welt von großer Bedeutung war.

Zu der Zeit, als Jesus in Betlehem geboren wurde, standen eines Morgens vor dem Palast des Königs in Jerusalem drei vornehm gekleidete Männer. Es waren Sterndeuter aus dem Morgenland.

«Ist hier im Schloss ein Kind zur Welt gekommen?», fragten sie einen der herumlungernden Wächter.

«Nein, davon haben wir nichts gehört», lachte der Mann.

«Dann melde uns beim König. Vielleicht kann er uns Auskunft geben.»

Aber auch Herodes wusste nichts von einem neugeborenen Prinzen.

«Wer hat euch das erzählt?», fragte er misstrauisch.

«In unserer Heimat ist ein großer Stern am Himmel erschienen, er hat uns hierher geführt», antworteten die Weisen. «Es ist ein Stern, der die Geburt eines neuen Königs verheißt.»

Herodes erschrak. Sollte es sich um den in alten Schriften angekündigten Christus handeln, den Befreier des Volkes?

«Ruht euch vorerst einmal von der langen Reise aus», sagte er. «Inzwischen werde ich mich nach dem König, den ihr sucht, erkundigen.»
Er ließ seine Schriftgelehrten und Priester zusammenrufen und befahl ihnen, ihm die Bedeutung des Sterns, von dem die Fremden gesprochen hatten, zu erklären. Es war kein Irrtum. Die kleine Stadt Betlehem war ausersehen, dem Volk Israel einen neuen König zu schenken. Herodes begann, um seine Macht zu fürchten. Das Kind durfte nicht am Leben bleiben.
«Geht hin nach Betlehem», sprach er zu den Sterndeutern. «Und wenn ihr das Kind findet, kommt zurück, damit auch ich ihm huldigen kann.»
Die Sterndeuter versprachen es. Sie folgten weiter dem Stern, bis er in der Nähe Betlehems stehen blieb. In einem Stall fanden sie Maria und Josef und das Kind, das in einer Krippe lag, arm und bloß. Trotzdem wussten sie, dass sie den verheißenen König gefunden hatten.

Da fielen sie auf die Knie, beteten es an und schenkten ihm Gold, Weihrauch und Myrrhe. Doch als sie sich glücklich schlafen legten, erschien ihnen Gott im Traum und sprach: «Herodes hat mit dem Kinde Böses vor. Kehrt nicht zu ihm zurück.»
Und auch Josef sah im Schlaf einen Engel des Herrn, der zu ihm sagte: «Steh auf, nimm das Kindlein und seine Mutter Maria und flieh nach Ägypten.»
Noch ehe die Sonne am Himmel erschien, brach Josef auf. Die Sterndeuter ließen Jerusalem und den Königspalast am Wege liegen und kehrten in ihre Heimat zurück.
Herodes wartete vergeblich auf die Sterndeuter. Als er merkte, dass sie ihn durchschaut hatten, ließ er alle Kinder in Betlehem, die jünger als zwei Jahre waren, von seinen Knechten umbringen. Josef aber blieb mit Maria und dem Kind in Ägypten, bis Herodes gestorben war. Dann kehrte er mit seiner Familie ins galiläische Land, nach Nazaret, zurück.

Zu den Bräuchen, die mit den Heiligen Drei Königen im Zusammenhang stehen, gehören Krippenspiele und das Sternsingen. Oft sind es Kinder, die als Könige verkleidet von Haus zu Haus ziehen und mit Sprüchen und Liedern um Gaben bitten. Auch die noch an vielen Orten verbreitete Sitte, ein Haus mit der neuen Jahreszahl und den mit Kreide auf die Tür geschriebenen Buchstaben C + M + B zu segnen, hat mit den Drei Königen zu tun. C + M + B heißt «Christus Mansionem Benedicat» (Christus segne dieses Haus). Die Buchstaben können aber auch als die Initialen der drei Könige verstanden werden: Caspar, Melchior, Balthasar.

Dargestellt werden die Drei Könige mit ihren Geschenken: Gold, Weihrauch und Myrrhe. Sie sind die Patrone des Erzbistums Köln, der Pilger, Reisenden, Kürschner und Spielkartendrucker.

Nach der Legende sind die Drei Könige nach ihrer Rückkehr aus Betlehem von dem Apostel Thomas getauft worden. Ihre Reliquien wurden in Konstantinopel und später in Mailand verehrt. Im Jahr 1164 kamen sie als Geschenk des Kaisers Friedrich Barbarossa an den Erzbischof Rainald von Dassel nach Köln. Dort wurde zu ihren Ehren eines der schönsten Bauwerke der Welt errichtet, der Kölner Dom.

Von Pfeilen durchbohrt

Sebastian, 20. Januar

Wir kennen weder das Jahr seiner Geburt noch das Jahr seines Todes. Sebastian soll im 3. Jahrhundert gelebt haben, in Narbonne geboren und in Mailand aufgewachsen sein. Den Legenden nach war er ein junger Offizier unter Kaiser Diokletian. Er bekannte sich zum Christentum und starb als Märtyrer.

Unter den Soldaten des Kaisers war Sebastian nicht der Einzige, der an Christus glaubte. Aber lange Zeit verstand er es, seine Überzeugung vor den Vorgesetzten zu verbergen. Er tat es nicht aus Feigheit, sondern um den Verfolgten beizustehen. Der Kaiser mochte den jungen Offizier und beförderte ihn zum Obersten seiner Leibgarde. Sebastian benutzte die hohe Stellung, um den gefangenen Christen noch mehr zu helfen. Er besuchte sie häufig in den Kerkern, sprach ihnen Mut zu und unterstützte sie mit Gaben. Auf die Dauer konnte sein Tun nicht verborgen bleiben. Diokletian fühlte sich von dem Jüngling, dem er so viel Vertrauen geschenkt hatte, verraten und betrogen. Für den Kaiser war das Christentum eine gefährliche Sekte. Er verfolgte sie mit allen Mitteln. Der Kaiser stellte Sebastian zur Rede.

«Ich bin bereit, dir treu zu dienen und zu gehorchen», gab Sebastian dem Kaiser zur Antwort. «Ich verehre dich als meinen weltlichen Herrn, doch der Wille Gottes ist mir wichtiger als der deine. Ich glaube an Jesus Christus, und niemand wird mich von diesem Glauben abbringen.»

«Du weißt, dass du für diese Worte mit dem Tod bestraft wirst?», drohte der Kaiser.

«Ja, ich weiß es.»

Diokletian ließ Sebastian abführen. Nackt wurde der schöne Jüngling von Bogenschützen an einen Pfahl gebunden und von ihren Pfeilen durchbohrt.

Irene, die Frau eines anderen Soldaten, der für seinen Glauben gestorben war, nahm seinen Leichnam ab. Als er in ihren Armen lag, merkte sie, dass er immer noch atmete. Sie ließ ihn in ihr Haus tragen und pflegte ihn, bis seine Wunden wieder geheilt waren.

«Versteck dich, mach dich unkenntlich und wähl einen anderen Namen», rieten ihm seine Freunde.

«Nein», sagte Sebastian, «ich bin nicht gesund geworden, um meinen Namen zu verleugnen, mich zu verkleiden und mich zu verstecken.«

Ohne Furcht stellte er sich vor den Eingang des Tempels, in dem Diokletian zu seinen Göttern betete, und wartete, bis er herauskam. Als der Kaiser seinen Offizier erkannte, blieb er betroffen stehen. Hatte man ihm nicht vor einigen Wochen gemeldet, sein Befehl sei ausgeführt und Sebastian von den Pfeilen der Bogenschützen getötet worden?

«Ich bitte dich, deine feindselige Haltung gegen die Christen aufzugeben und uns zu dulden. Auch wir Christen sind bereit, für dein Wohl zu beten.»

Aber Diokletian, der sich vor seinem Gefolge keine Blöße geben wollte, ließ Sebastian von seinen Leibwächtern abführen und öffentlich zu Tode prügeln.

Sebastian gehört zu den Heiligen, die schon im 4. Jahrhundert von den Christen geliebt und verehrt wurden. Dargestellt wird er unbekleidet an einen Pfahl oder Baum gebunden und von Pfeilen durchbohrt. Besonders um Hilfe gebeten wurde Sebastian in den Zeiten der Pest. Die Pfeile galten als Symbol für plötzlich auftretende Krankheiten. Er ist der Heilige der Schützen und der Soldaten, aber auch der Gärtner, der Steinhauer und der Zinngießer. In vielen christlichen Städten und Ländern, auch Deutschland, wird Sebastian als Patron gefeiert und heute noch von Künstlern in immer wieder neuen Formen dargestellt.

Sebastians Grab liegt unter der Kirche, die seinen Namen trägt, San Sebastiano. Sie gehört zu den sieben frühchristlichen Pilgerkirchen.

Das Schweißtuch der Veronika

Veronika, 4. Februar

Als Jesus von seinen Henkern nach Golgota geführt wurde, musste er das Kreuz selber tragen. In der Mittagsglut brach er unter der Last zusammen und blieb für einige Augenblicke erschöpft auf der Erde liegen. Unter den Neugierigen, die am Wege standen, begannen viele zu lachen.
«Und das soll der Sohn Gottes sein», höhnten sie.
Andere zeigten auf seine Dornenkrone und schrien: «König der Juden, nun hilf dir selbst.»
Die Anhänger Jesu schwiegen, weil sie sich vor den Soldaten fürchteten. Nur eine Frau namens Veronika löste sich aus der Menge und ging auf Jesus zu. Ohne sich um das Murren der Leute zu kümmern, wischte sie ihm mit einem feinen Leinentuch die Blutstropfen und den Schweiß von der Stirn. Jesus drückte sein Antlitz in das Tuch und gab es Veronika wieder zurück. Als Veronika nach Hause kam und das Tuch ausbreitete, entdeckte sie auf dem Grund des Gewebes Jesu Antlitz wieder. Es blieb für alle Zeiten darin eingeprägt.

Einst litt Kaiser Tiberius in Rom an einer schweren Krankheit. Die Ärzte wussten ihm nicht mehr zu helfen. Da hörte er von einem Mann in Jerusalem, der es allein mit Worten verstünde, Kranke wieder gesund zu machen. Also schickte er Volusianus, einen Vertrauten, zu Pontius Pilatus nach Jerusalem, um den Wunderarzt zu suchen. Pontius Pilatus erschrak. Er wusste, um was für einen Mann es sich handelte. Es war Jesus, den er zum Tod am Kreuz verurteilt hatte.
«Lass mir Zeit, den Mann zu finden», sagte er zu dem Boten des Kaisers.
Kurz darauf begegnete Volusianus in den Straßen von Jerusalem einer Frau, die ihm von Jesus erzählte und auch von dem Tuch, in dem sein Antlitz zu sehen war. Es war Veronika.
«Wer es anschaut und an Jesus glaubt, wird gesund», sagte sie. Da wusste Volusianus, dass es Jesus war, den er gesucht hatte.
«Wie konnte Pilatus diesen Mann zum Tode verurteilen?», fragte er. «Gib mir wenigstens sein Bild. Ich zahle mit Gold und Silber dafür.»

«Dieses Tuch ist mir mehr wert als alle Schätze dieser Welt», sagte Veronika. «Doch wenn du willst, begleite ich dich nach Rom und werde dem Kranken das Bild selber zeigen.« So geschah es. Tiberius wurde wieder gesund. Er ließ Pontius Pilatus gefangen nehmen und nach Rom bringen. Im Kerker machte Pilatus seinem Leben selbst ein Ende. Sein Leichnam wurde nach Helvetien gebracht, weil der Tiber seinen Leichnam immer wieder an die Oberfläche brachte und auch kein anderer Fluss ihn behalten wollte. In der Nähe der Stadt Luzern wurde er von einem Berg in den Abgrund geworfen. Dieser Berg trägt heute noch seinen Namen: Pilatus.

Veronika trägt auf Bildern das Tuch in den Händen, auf dem Jesus mit der Dornenkrone zu sehen ist. Der Name Veronika wird von dem lateinischen ‹vera ikon› – das wahre Bild – abgeleitet. Sie ist die Schutzpatronin der Tuchhändler und Wäscherinnen.

Äpfel und Rosen

Dorothea, 6. Februar

Über Dorothea wissen wir wenig. Sie war die Tochter eines römischen Senators. Während der Christenverfolgung unter Kaiser Diokletian erlitt sie mit ihren beiden Schwestern, Chrysta und Callista, den Märtyrertod.

Spricius, einem hohen Beamten des Kaisers, hatte es Dorotheas Schönheit angetan. Er hätte sie gern geheiratet, aber Dorothea weigerte sich, seinetwegen vom christlichen Glauben abzufallen. Aus Enttäuschung ließ er sie foltern und im Jahre 305 enthaupten.

Als Dorothea zum Richtplatz geführt wurde, versammelte sich eine große Menschenmenge. Dorothea bat den Scharfrichter, ihr noch einen Augenblick Zeit zu lassen, um ein Gebet zu verrichten. Nachher sagte sie so laut, dass alle es hören konnten: «Es ist kalt auf dieser Welt. Aber im himmlischen Garten wird mich eine Sonne wärmen, die nie untergeht.»

«So schicke mir aus diesem Garten ein paar Äpfel und Rosen», spottete ein junger Mann. Es war Theophilus, ein Rechtsgelehrter.

Dorothea schaute ihn ruhig an und sagte: «Ja, du sollst sie bekommen.»

Danach neigte sie das Haupt und empfing den Todesstreich.

Theophilus erzählte allen seinen Freunden lachend, was die Christin ihm versprochen hatte. Mitten im Winter aber stand eines Tages ein Knabe vor seiner Tür. Er hielt ihm ein fein geflochtenes Körbchen entgegen. Darin lagen drei Äpfel und drei Rosen. Theophilus erschrak. Die Erde starrte vor Kälte. Die Bäume und Sträucher waren kahl und die Gärten leer.

«Woher hast du das alles?», fragte er.

«Aus dem himmlischen Garten», antwortete der Knabe. «Dorothea schickt sie dir.»

Kaum hatte er zu Ende gesprochen, war er verschwunden. Theophilus stand da, das Körbchen in der Hand. Es war kein Traum. Dieser schöne Knabe muss ein Engel gewesen sein, dachte er. Und obwohl er wusste, dass es für ihn, wie einst für Dorothea, den Tod bedeutete, bekannte er sich von diesem Tage an vor allen Menschen zum christlichen Glauben.

Auf Bildern wird Dorothea mit einem Blütenkranz im Haar und einem Körbchen mit Blumen und Früchten in der Hand dargestellt. Sie ist die Schutzheilige der Bierbrauer und Floristen, der Neuvermählten und jungen Mütter. Auch wer verleumdet wird, bittet sie um Hilfe. Der Name Dorothea bedeutet «Geschenk Gottes».

Die neue Botschaft

Matthias, 24. Feburar

Jesus hatte zwölf Jünger. Nachdem Judas ihn verraten und sich selbst gerichtet hatte, sollte ein anderer an seine Stelle treten: Matthias. Er war oft mit Jesus zusammen und konnte von seiner Auferstehung zeugen. Wie die anderen Jünger wanderte er nun von Ort zu Ort, um den Menschen von Jesus zu erzählen.

Als Matthias in einer Stadt in Mazedonien von Jesus predigte, gaben ihm seine Feinde vergifteten Wein zu trinken. Doch das Gift schadete ihm nichts. Andere aber, die versehentlich aus dem gleichen Fass getrunken hatten, erblindeten. Laut fingen sie an zu jammern und zu klagen. Es waren zweihundertfünfzig an der Zahl. Der Apostel legte jedem die Hände auf die Augen, und sie konnten alle wieder sehen. Nun waren die Geheilten bereit, ihm zuzuhören und seinen Worten zu glauben. Seine Feinde aber ließen sich von dem Wunder nicht überzeugen und wollten Matthias gefangen nehmen. Sie suchten ihn vergeblich. Er schien plötzlich vom Erdboden verschwunden. Doch er war mitten unter ihnen. «Ich bin's, den ihr sucht», sagte Matthias und stellte sich den Männern, ohne sich vor ihnen zu fürchten.
Da banden sie ihm die Hände auf den Rücken, schlugen ihn und warfen ihn ins Gefängnis. Mitten in der Nacht erfüllte plötzlich ein großer Glanz die Zelle. Von der Helligkeit geblendet, stürzten die Wächter zu Boden und verhüllten ihre Gesichter mit den Händen. Matthias fiel auf die Knie. Jesus selbst war erschienen, löste Matthias' Fesseln und öffnete ihm die Tür. Matthias ging hinaus und verkündete der staunenden Menge die neue Botschaft wieder und wieder. «Ihr sollt euren Nächsten lieben wie euch selbst.»
Viele dachten über diese Worte nach und wurden Christen.

Matthias wird mit einem Buch, mit Steinen oder einem Schwert dargestellt. Er ist der Schutzpatron der Bauhandwerker und Zimmerleute.

Der Streit um Hab und Gut

Fridolin, 6. März

Fridolin war einer der Glaubensboten, die aus Irland kamen, um bei uns das Christentum zu verkünden. Auf einer kleinen Insel im Rhein bei Säckingen gründete Fridolin um das Jahr 500 ein Frauen- und ein Männerkloster. Wie die anderen Missionare wurde Fridolin von der noch heidnischen Bevölkerung zuerst bekämpft. Doch nach und nach gewann er ihre Freundschaft. Er brachte ihnen nicht nur die Worte des Evangeliums, sondern wusste auch Mittel gegen allerlei Krankheiten von Mensch und Vieh. Mit seinen Mönchen pflanzte er die ersten Obstbäume in der Gegend. Von Säckingen aus missionierte Fridolin in Süddeutschland und im östlichen Teil der Schweiz.

Damals, als Fridolin lebte, gehörte das Land Glarus zwei Brüdern. Sie hießen Landolf und Ursus. Ursus war ledig und hatte keine Kinder. Als er auf dem Totenbett lag, ließ er Fridolin und seinen Bruder Landolf zu sich kommen.
«Nach meinem Tod soll mein Anteil, die Hälfte des Landes, dem Kloster Säckingen gehören», bestimmte er.
Landolf hatte nichts dagegen einzuwenden und versprach dem Sterbenden hoch und heilig, seinen letzten Willen zu achten.
Doch als Ursus begraben war, reute es Landolf. Er wollte die schönen Wiesen und die großen Viehherden nicht dem Kloster abtreten. Er versuchte, das Kloster mit einigen Höfen und Äckern abzuspeisen, aber Fridolin wehrte sich. Der Handel kam vor das königliche Gericht in Rankweil.
Fridolin wiederholte dem Richter, was Ursus ihm versprochen hatte. Landolf aber behauptete, er wisse nichts davon.
«Ich möchte dir gerne glauben», sagte der Richter zu Fridolin, «aber wenn du keinen schriftlichen Beweis und keine Zeugen bringen kannst, gehört nach altem Recht das Erbe des kinderlosen Ursus seinem einzigen Bruder.»
Landolf kehrte triumphierend nach Hause zurück.
Fridolin aber pilgerte nach Glarus zum Grab des Ursus.

«Es geht um Recht und Unrecht», sagte er. «Ich bitte dich in Gottes Namen, komm aus deinem Grab heraus und sei mein Zeuge.»
Da öffnete sich die Erde, und aus dem Grab stieg das Gerippe des Verstorbenen.
«Fridolin», sprach er. «Fürchte dich nicht. Ich komme mit dir.»
Als Fridolin mit dem Totengerippe wieder vor das Gericht nach Rankweil trat, erfasste alle Anwesenden ein großes Entsetzen, und Landolf erbleichte. Ursus ging auf ihn zu und sagte mit hohler Stimme: «Warum lässt du mir im Grab keine Ruhe? Gib Fridolin, was ihm gehört.»
Landolf hob abwehrend die Hände.
«Fridolin, nimm auch meine Hälfte», rief er. Dann ergriff er die Flucht, und niemand hat ihn jemals wiedergesehen.
Fridolin aber führte den Toten wieder zurück in sein Grab, dankbar dafür, dass Ursus ihm zu seinem Recht verholfen hatte.

Auf Abbildungen trägt Fridolin das Kleid der Benediktiner und hält einen Abtsstab in der Hand. So ziert er auch das Wappen des Kantons Glarus in der Schweiz. Die Glarner bitten ihn um schönes Wetter. Er ist der Patron der Schneider und wird auch bei Arm- und Beinleiden um Hilfe angerufen.

Sei gegrüßt

Gertrud, 17. März

Gertrud war eine Prinzessin. Sie wurde im Jahr 626 als Tochter Pippins des Älteren geboren. Schon als kleines Mädchen begann sich Gertrud um in Not geratene Menschen zu sorgen. Zum Kummer ihres Vaters zeigte Gertrud später keine Lust, sich zu verheiraten.

«Ich habe mir keinen sterblichen, sondern einen unsterblichen Bräutigam auserwählt», sagte sie zu ihm. Die Mutter, Frau Itta, zeigte Verständnis für ihre Tochter. Nach dem Tode Pippins ließ sie in Nivelles ein Kloster erbauen, um zusammen mit Gertrud ein ganz Gott geweihtes Leben zu führen.

Gertrud kümmerte sich um die Kranken und Gefangenen, Witwen und Waisen. Um die Kranken besser pflegen zu können, ließ sie neben dem Kloster ein Spital erbauen.

Eines Nachts, als die junge Äbtissin wie immer vor dem Schlafengehen im Gebet auf den Knien lag, spürte sie, dass jemand sie an der Fußsohle kitzelte. Es war eine hungrige Maus, die sie um einen kleinen Bissen bat. Gertrud scheuchte sie unwillig weg.

«Bist du nicht die Maus, die mich kürzlich beim Spinnen belästigt hat? Nun wagst du es auch noch, mich in meiner Andacht zu stören.»

Am Tag darauf brach eine große Mäuseplage über das Kloster herein. Tausende von Mäusen schienen sich in der Klosterscheune an den kostbaren Vorräten gütlich zu tun. Mit Besen bewaffnet, machten sich die Klosterschwestern über die emsigen Nager her und versuchten, wenigstens einige von ihnen totzuschlagen. Da kam Gertrud hinzu und wehrte es ihnen.

«Lasst sie», sagte sie, «aus unserm Kloster soll auch nicht das geringste Lebewesen fortgehen, ohne satt zu werden.» Die Mäuse verschwanden, wie sie gekommen waren.

Als Gertrud in der Nacht darauf in ihrer Zelle auf den Knien lag, spürte sie wieder das Kitzeln an ihrer Fußsohle.

«Sei gegrüßt», lächelte die Äbtissin, «von nun an sollen nicht nur kranke Menschen, sondern auch hungrige und verletzte Tiere zu meinen Schützlingen gehören.» Die Maus hob ihr Köpfchen, dann machte sie sich zufrieden über den Käse her, den Gertrud für sie bereitgelegt hatte.

Der 17. März ist der Gertrudentag, und für viele beginnt mit diesem Tag der Frühling. Gertrud ist die Schutzherrin der Gemüsegärtner und Gemüsehändler. Sie hilft bei Mäuse- und Rattenplagen. Sie wird als Nonne dargestellt, manchmal auch in fürstlicher Kleidung. In der Hand hält sie einen Äbtissinenstab, an dem Mäuse emporklettern, oder ein Buch, auf dem die Tierchen sitzen. Zur heiligen Gertrud gehören auch der Specht und der Kuckuck als Frühlingsboten.

Patrick und der König

Patrick, 17. März

Patrick wurde Ende des 4. Jahrhunderts in England geboren. Über sein Leben ist ein Bericht erhalten, den er selbst verfasst hat. Er nennt sich darin «einen Sünder, ganz ohne Bildung». Sein Großvater war ein Priester, sein Vater ein Ratsherr. Patrick war kein guter Schüler und führte in der Jugend – wie er selbst sagte – ein «liederliches» Leben. Er wurde von Piraten geraubt und in Irland als Sklave verkauft. Nach sechs Jahren gelang ihm die Flucht nach Frankreich. In Auxerre fand er in einem Kloster Unterkunft, wurde zum Priester ausgebildet und später zum Bischof geweiht. Erfüllt von der Aufgabe, Irland zum Christentum zu bekehren, fuhr er auf die Insel zurück.

Als Patrick nach Irland kam, begegneten ihm die Menschen voller Misstrauen. Er reiste nicht als bescheidener Missionar, sondern mit einem großen Gefolge, mehreren Priestern, einem Rechtsgelehrten, einer Leibwache, einem Glöckner, einem Koch, einem Bierbrauer, einem Mundschenk, zwei Dienern und einem Schreiber. Viele hielten ihn und seine Gefährten für Seeräuber. Erst durch seine Predigten gewann er mehr und mehr Anhänger. Die Könige und Stammesfürsten des Landes fürchteten, durch das Christentum ihre Macht zu verlieren. Sie versuchten, Patrick von der Insel zu vertreiben. Doch Patrick ließ sich durch ihre Drohungen nicht einschüchtern.

Sein größter Feind war König Leogar. Er ließ Patrick zu sich rufen. Unerschrocken fing Patrick an, von Jesus zu erzählen. Der König und die Königin, die versammelten Höflinge und Soldaten hörten eine Weile schweigend zu. Doch der Zauberer des Königs unterbrach ihn.

«Das sind Märchen», schrie er. «Beweise uns mit Taten, was dein unsichtbarer Gott vermag.» Mit Hilfe des Teufels erhob er sich in die Luft und verspottete Patrick und seinen Glauben mit unflätigen Worten. Der König schaute Patrick triumphierend an.

Da schlug Patrick das Zeichen des Kreuzes. Der Zauberer fiel auf die Erde zurück und brach sich das Genick. Alle, die eben noch laut gelacht hatten, verstummten. Wutentbrannt zog der König sein Schwert aus der Scheide und stürzte auf Patrick zu. Doch im gleichen Augenblick fing die Erde an zu beben, ein Blitz fuhr vom Himmel und riss Leogar die Waffe aus der Hand. Die Königin fiel vor Patrick auf die Knie. Weinend bat sie ihn, ihrem Mann zu verzeihen und sein Leben zu schonen.

«Das liegt nicht in meiner Macht», sagte Patrick.

Die Erde beruhigte sich, und der König blieb unverletzt, aber er dachte an nichts anderes mehr, als Patrick zu töten. Er lud ihn mit seinen Gefährten für den folgenden Tag zum Essen ein. Den Wächtern gab er den Befehl, Patrick bei der Ankunft gefangen zu nehmen und in ein dunkles Verließ zu werfen.

Zur festgesetzten Stunde erschien Patrick mit seinen Leuten vor dem König. Sie waren unbemerkt an den Wachen vorbeigekommen. Der König versuchte sein Erstaunen darüber zu verbergen. Er begrüßte Patrick, als ob er ihn erwartet hätte, aber während des Essens ließ er ihm vergifteten Wein vorsetzen. Als Patrick den Becher an den Mund hob, schwamm das Gift obenauf. Ohne ein Wort zu sagen, goss er einen Teil des Weines auf den Boden, den Rest trank er aus.

«Erwürgt ihn!», schrie der König. Zwei Soldaten stürzten auf Patrick zu. Da fing die Erde zum zweiten Mal an zu beben, öffnete sich und verschlang die beiden Männer vor aller Augen. Endlich sah Leogar ein, dass Patricks Gott stärker war als er.

«Ich habe keine Macht über dich», sprach er. «Aber ich will meinen Göttern die Treue halten.»

«So lass uns in Frieden nebeneinander leben», sagte Patrick.

Die Königin und ihre beiden Töchter ließen sich von Patrick taufen. Auch Dubtach, der berühmte Sänger des Königs, bekehrte sich zum Christentum. Die Lieder, die er zur Ehre Gottes sang, waren so süß und wunderbar, dass sogar die Engel auf die Erde kamen, um ihm zuzuhören.

Nach vielen Schwierigkeiten gelang es Patrick, nach und nach die Könige und Stammesfürsten vom Christentum zu überzeugen. Eine Provinz nach der anderen wurde christianisiert. Patrick gründete Schulen und Klöster, bildete Priester aus und schickte sie von Irland in die Welt hinaus. Er starb im Jahre 461.

Auf Bildern wird Patrick als Bischof mit einem Kleeblatt in der Hand dargestellt. Er ist Irlands Nationalheiliger und der Schutzpatron der Friseure, Schmiede und Wagner.

Nur ein Zimmermann

Josef, 19. März

J

Obwohl Josef nur ein einfacher Zimmermann war, war er ein Nachkomme König Davids. Er verlobte sich mit der Jungfrau Maria. Als er erfuhr, dass sie schwanger war, wollte er sie verlassen. Aber ein Traum offenbarte ihm, dass es sich bei dem erwarteten Kind um ein göttliches Kind handle und dass er dazu ausersehen sei, sein Pflegevater zu werden. Eine wichtige Rolle spielt Josef in der Legende von Jesu Geburt. Auch in dieser Geschichte verstand er es, auf einen Traum zu achten und seine Botschaft zu verstehen. Die Geburtsgeschichte Jesu ist keine Heiligenlegende wie die anderen. Aber weil Jesus den Männern und Frauen, von denen in diesem Buch erzählt wird, ein Vorbild war, soll auch sie hier stehen:

Vor bald zweitausend Jahren erteilte Kaiser Augustus in Rom den Befehl, es sollten in seinem Reich alle Bewohner in Steuerlisten erfasst werden. Jeder musste in die Heimat seiner Vorfahren ziehen, um sich dort eintragen zu lassen. In der Stadt Nazaret in Galiläa lebte ein Mann namens Josef mit seiner Frau Maria. Also machte er sich auf nach Betlehem in Judäa. Maria, die ein Kind erwartete, begleitete ihn. In Betlehem fanden sie keine Unterkunft mehr, nur einen Stall, der sie in der Nacht vor Kälte schützte.
Maria spürte, dass ihre Zeit gekommen war. Sie gebar einen Sohn, Jesus. Und weil sie nichts anderes hatte, wickelte sie ihn in Windeln und legte ihn in eine Futterkrippe. Auf einem Feld in der Nähe hielten sich Hirten auf. Sie waren um ein Feuer versammelt und bewachten ihre Herden. Da trat plötzlich ein Engel zu ihnen und sprach:
«Fürchtet euch nicht. Ich verkünde euch eine große Freude. In Betlehem ist heute der Heiland geboren. Ihr werdet ein Kind finden, in Windeln gewickelt und in einer Futterkrippe liegend. Es ist der von den Propheten versprochene Retter.»
Kaum hatte der Engel zu Ende gesprochen, stand neben ihm eine große Schar anderer Engel, und sie lobten Gott und sangen: «Ehre sei Gott in der Höhe und Frieden auf Erden.»
Als die Engel in den Himmel zurückgekehrt waren, sagten die Hirten: «Lasst uns nach Betlehem gehen und das Kind suchen.» Sie brachen auf und fanden alles so, wie der Engel es ihnen verkündet hatte: Maria und Josef und das Kind in Windeln gewickelt in einer Krippe. Sie erzählten, was der Engel ihnen über das Kind gesagt hatte. Erfüllt von dem, was sie in dieser Nacht erlebt hatten, kehrten die Hirten wieder aufs Feld zu ihren Schafen zurück.
Als auch die Drei Könige weitergezogen waren und sich Josef und Maria mit ihrem Kind zur Ruhe niedergelegt hatten, erschien Josef im Traum ein Engel und sagte zu ihm: «König Herodes trachtet dem Kind nach dem Leben. Darum steh auf, nimm Maria und das Kind und flüchte vor seinen Schergen nach Ägypten.» Josef glaubte dem Engel und gehorchte ihm.
Kurz darauf starb Herodes. Wieder war es ein Engel, der Josef im Traum gebot, sich aufzumachen und nach Hause zurückzukehren.

Dargestellt wird Josef mit Axt, Säge und Winkelmaß, den Zimmermannswerkzeugen. Auch ein Wanderstab und eine blühende Lilie können Erkennungszeichen sein.

Leo, der Löwe

Leo, 19. April

Alle Leo-Namen kommen von dem lateinischen Wort für Löwe, dem König der Tiere in der Fabel. Leo nannten sich seit Beginn der Kirche auch einige Päpste. Der berühmteste von ihnen ist Leo der Große, der Rom vor den Hunnen und Vandalen rettete. Er lebte im 5. Jahrhundert. Ein anderer, Leo III., starb im Jahr 816. Er schaffte sich viele Feinde, weil er nach seiner Wahl den Schlüssel zum Grab des Apostels Petrus (und damit die Macht über Rom) dem König der Franken überreichte. Erzählt werden soll hier aber von Papst Leo IX.:

Er kam im Jahr 1002 in Egisheim im Elsass zur Welt, war ein Graf und hieß Bruno von Dagsburg. Seine Mutter Hedwig spürte bald, dass der feinfühlige Knabe nicht zum Kriegshandwerk geboren war. Als er fünf Jahre alt war, wurde er einem Bischof anvertraut, der sich um seine Bildung und Erziehung kümmerte.

Alle waren von Leos sanftem Wesen und von seiner Hilfsbereitschaft beeindruckt. Einmal fand er einen Aussätzigen vor seiner Türe. Er nahm ihn auf und überließ ihm sein eigenes Bett. Leo legte sich zum Schlafen auf den Boden. Das Elend hilfloser Menschen konnte ihn zu Tränen rühren. Schon mit fünfundzwanzig Jahren wurde er Bischof von Toul. Auf dem Reichstag zu Worms wurde er zum Papst gewählt. Als einfacher Pilger, ohne Prunk und großes Gefolge, traf er in Rom ein. Seine Wahl nahm er erst an, als auch die Priester und das Volk damit einverstanden waren.

Fünf Jahre lang war es ihm vergönnt, als Oberhaupt der Christen zu wirken. Er kämpfte vor allem gegen Missbräuche in der Kirche und gegen Irrlehrer. Beim Einfall der Normannen in Italien wurde er gefangen genommen, aber nach kurzer Zeit wieder frei gelassen. Von den Menschen umjubelt, kehrte er todkrank nach Rom zurück. Leo IX. starb am 19. April 1054.

Auf Bildern sehen wir Leo IX. päpstlich gekleidet mit Stab und Mitra. Ein Brevier in Mainz zeigt ihn schreibend mit einem Mönch des Zisterzienserordens an seiner Seite. Besonders verehrt wird er im Elsass.

Der ewige Pförtner

Konrad, 21. April

Am 22. Dezember 1818 wurde in der Gemeinde Parzham einem Bauern namens Birndorfer ein Sohn geboren. Er nannte ihn Johann. Johann sollte später den Hof übernehmen.

Schon als Johann noch ein Junge war, sagten die Leute: «Der Birndorfer Hansel ist ein Engel.» Oder auch: «Wenn der kein Heiliger wird.» Zusammen mit den Geschwistern arbeitete er mit Freuden auf den Äckern und Feldern. Aber schon früh unterschied er sich von ihnen durch seine Frömmigkeit. Wenn seine Eltern nach ihm suchten, war er oft, ins Gebet versunken, in der Kirche zu finden.

Mit einunddreißig Jahren verzichtete Johann aber auf sein Erbe und trat in das Kloster der Kapuziner in Altötting ein. Er bekam den Namen Konrad und übernahm das Amt des Pförtners. In der näheren und weiteren Umgebung gab es niemanden, der Bruder Konrad nicht kannte oder nicht schon Hilfe bei ihm gefunden hätte. Er machte den «Sündern» keine Vorwürfe, aber er versäumte es auch nicht, die Landstreicher, die an der Klosterpforte um ein Almosen baten, zu ermahnen und mit sanften Worten zu belehren. Bruder Konrad war nicht aus der Ruhe zu bringen, auch wenn die Kinder hinter ihm herliefen, um ihn zu necken.

Einmal kam ein Bettler an die Klosterpforte und bat um eine «milde Gabe». Als ihm Bruder Konrad statt Geld und einem Schnaps eine kräftige Suppe brachte, warf ihm der Mann den vollen Teller vor die Füße. Da lachte Konrad und sagte freundlich: «Gelt, die magst du nicht, so hol' ich dir halt eine andere.» Er war gegen die Armen so großzügig, dass ihn seine Mitbrüder deswegen tadelten, doch das machte ihm nichts aus.

Kurz vor seinem Tod ließ der Abt den erkrankten Bruder in die «Mutter-Gottes-Zelle» legen. Diese Ehre war nur wenigen vorbehalten.

«Du hast sie verdient», sagte der Abt.

Drei Tage nach diesem Umzug, am 21. April 1894, starb er, so glücklich und zufrieden, wie er es einmal in einem Brief an seine Schwester zum Ausdruck gebracht hatte:

«Mir geht es immer gut. Ich bin immer glücklich und zufrieden in Gott. Ich nehme alles mit Dank vom lieben Himmelsvater an, seien es Leiden oder Freuden, er weiß wohl, was besser ist für uns.»

Bruder Konrad wurde in der Kapuzinerkirche von Altötting begraben. Sein Grab ist zu einer Stätte geworden, die den Pilgern innere Ruhe und Zufriedenheit schenkt.

Auf Bildern ist Bruder Konrad im braunen Kapuzinerkleid zu sehen. Er hat einen langen, weißen Bart und trägt ein Kreuz in der Hand. Bruder Konrad wurde am 20. Mai 1934 im Petersdom in Rom heiliggesprochen. Damit bleibt der bescheidene Bruder unvergessen.

Wie Georg den Drachen bezwang

Georg, 23. April

In einem See in der Nähe der Stadt Silena hauste ein schrecklicher Drache. Wo er hintrat, verwüstete er Felder und Wiesen. Auch den mutigsten Kriegern gelang es nicht, das Tier zu töten. Um den Drachen zu besänftigen, beschlossen die verzweifelten Menschen, ihm jeden Tag zwei Schafe vorzuwerfen. Doch die Schafe waren bald aufgefressen, und die Gier des Tieres wurde immer größer: Es forderte Menschenopfer.

«Wenn wir ihm nicht zu Willen sind, wird das Tier in die Stadt eindringen und sie zerstören», fürchteten die Bewohner. Wer dem Drachen als Nächster zum Fraß geopfert wurde, bestimmte das Los. Auch Kinder blieben nicht verschont. Eines Tages traf das Los die einzige Tochter des Königs.

«Nehmt die Hälfte meines Reiches, aber lasst mir mein Kind», bat der König.

«Das hilft uns nichts», sagten die Leute. «Auch du sollst dich an unsere Abmachung halten, sonst werden wir uns rächen.» Aus Erbarmen gewährten sie dem König acht Tage Zeit, um von seiner Tochter Abschied zu nehmen. Nach dieser Zeit ließ der König die Prinzessin mit den schönsten Kleider schmücken und führte sie vor die Tore der Stadt.

Als das Mädchen allein zum See lief, kam ihr ein fremder Ritter auf einem braunen Pferd entgegen. Es war Georg.

«Warum weinst du?», fragte er.

«Ich muss sterben», antwortete die Prinzessin. «Ein schrecklicher Drache bedroht uns. Flieh!« Doch Georg zeigte keine Angst: «Ich will versuchen, dich zu retten.»

In diesem Augenblick fing das Wasser an zu brodeln und zu schäumen. Aus den Wellen stieg der Drache ans Ufer. Georg ritt ihm entgegen, und bevor er sich wehren konnte, erstach er ihn mit seiner Lanze.

Der König und das Volk, die alles aus der Ferne mit angesehen hatten, jubelten dem Ritter zu. Aber Georg sagte: «Gott hat mir die Kraft geschenkt, euch von dem Drachen zu erlösen. Nicht mir, sondern ihm müsst ihr danken.»

Der König belohnte Georg mit Gold und Silber und Edelsteinen. Georg verteilte die Schätze unter den Armen der Stadt und kehrte in seine Heimat zurück.

Georg wird meistens auf einem braunen Pferd dargestellt. Mit dem Georgstag wird die Zeit der Saat gefeiert. Georg ist der Schutzpatron der katholischen Pfadfinder und der Nationalheilige Englands.

Der erste Evangelist

Markus, 25. April

Wie Matthäus, Lukas und Johannes gehört Markus zu den Männern, die uns im Neuen Testament die Geschichte Jesu erzählen. Als Jesus gekreuzigt wurde, war Markus noch ein ganz junger Mann. Aber er kannte Jesus. Das Haus seiner Mutter war eine Zuflucht für die verfolgten Christen in Jerusalem.

Johannes Markus, wie er mit seinem vollen Namen hieß, begleitete den Apostel Paulus auf seiner ersten Missionsreise nach Antiochien. Auf die zweite Reise wollte ihn Paulus nicht mehr mitnehmen. Der junge Mann schien ihm noch nicht stark genug, die Strapazen auszuhalten.

Müde von der langen Reise, mit schmerzenden Füßen und zerrissenen Sandalen kam Markus nach Alexandrien. Da lief er an der Werkstatt eines Schuhmachers namens Anian vorbei. Ach, dachte er, hier könnte ich meine Sandalen flicken lassen. Anian, der Schuhmacher, grüßte ihn freundlich und machte sich gleich an die Arbeit. Dabei stieß er sich mit der Ahle in den Finger und begann zu bluten. Markus bestrich ihm die Wunde mit seinem Speichel und sprach: «Im Namen Jesu soll die Wunde geheilt sein.» Und sie war es von einem Augenblick auf den andern.

«Wer bist du?», fragte der Schuster erstaunt und erschrocken über das Wunder. «Ich bin Markus, ein Diener Jesu Christi», antwortete Markus. «Den möchte ich gerne sehen», meinte Anian. «Ja, ich will ihn dir zeigen», sagte Markus. Und dann begann er so lebendig von Jesus zu erzählen, dass es dem Schuster war, als sähe er Jesus lebendig vor sich stehen. Er lud Markus ein, mit ihm und seiner Familie zusammen zu essen. Markus dankte ihm: «Der Herr gebe dir dafür das Brot des Himmels, und sein Segen sei mit dir.» Anian und seine Familie glaubten der Botschaft, die Markus verkündete, und gehörten zu den Ersten in der Stadt, die sich von ihm taufen ließen.

Befreundet war Markus mit dem Apostel Petrus, dem er auch als Dolmetscher diente. In der Zeit, die sie gemeinsam in Rom verbrachten, schrieb Markus sein Evangelium. Bestimmt hat Petrus ihn dazu angeregt und mit seinen Erinnerungen an Jesus viel dazu beigetragen. Nach dem Tod des Petrus wurde Markus Bischof von Alexandrien und grün-

dete die dortige Kirche. Von einigen, den Christen feindlich gesinnten Bürgern, wurde er eines Tages überfallen und durch die Straßen der Stadt zu Tode geschleift.
Das Jahr 63 ist das letzte gesicherte Datum aus dem Leben des Evangelisten. Der Legende nach starb Markus am 25. April im Jahr 68.

Die Gebeine des Evangelisten wurden wahrscheinlich im 9. Jahrhundert von Alexandrien nach Venedig überführt. Über seinem Grab entstand die Markuskirche. Markus wird bei seiner Arbeit als Verfasser des Evangeliums dargestellt. Er sitzt an einem Pult, zu seinen Füßen ein Löwe. Der Löwe ist ein Symbol der Auferstehung Christi und ein Symbol für den Sieg des Lichts über die Finsternis. Markus ist der Schutzpatron der Städte Venedig und Alexandrien, auch der Insel Reichenau. Er beschützt Glasmaler, Notare und Schreiber, Korbmacher und Maurer.

Der Feuerpatron

Florian, 4. Mai

Von Florian wissen wir, dass er in der zweiten Hälfte des 3. Jahrhunderts in Zeiselmauer bei Wien geboren und von seinen Eltern im christlichen Glauben erzogen wurde. Als junger Mann verbrachte er einige Jahre als Offizier im römischen Heer. In Cetium, dem heutigen St. Pölten in Niederösterreich, vertrat er später den kaiserlichen Statthalter.

Als Florian hörte, dass der römische Statthalter Aquilin auf Befehl des Kaisers auch in der Provinz Norikum (Österreich) die Christen grausam verfolgte und in Lauriacum (Lorch bei Enns) vierzig Menschen getötet werden sollten, machte er sich sofort auf, um sie zu retten.

Kurz bevor er ans Ziel kam, begegnete er ein paar bewaffneten römischen Soldaten. An seinem Gewand erkannten sie Florian als kaiserlichen Beamten und grüßten ihn ehrerbietig.

«Es herrscht kein Krieg im Land. Was wollt ihr mit euren Dolchen und Speeren?», fragte Florian die Männer.

«Wir jagen Christen», lachten sie.

«Ihr braucht nicht weiter zu suchen», sagte Florian. «Hier steht einer vor euch.»

Zuerst glaubten sie, Florian erlaube sich einen Scherz mit ihnen, doch sie merkten bald, dass es ihm ernst war. Sie fesselten ihn und brachten ihn vor den Statthalter.

Aquilin schaute Florian ungläubig an.

«Ist es wirklich wahr, was die Soldaten mir erzählt haben?», fragte er.

«Ja», antwortete Florian. «Ich bekenne mich zu Jesus Christus.»

«Ich will vergessen, was du eben gesagt hast», sagte Aquilin. «Ich rate dir, den Befehlen unseres Kaisers zu gehorchen und den Göttern zu opfern.»

«Ich bin bereit, dem Kaiser meinen Körper zu opfern, aber nicht meine Seele», sagte Florian.

Da wurde Aquilin zornig: «Also beweise mir, wer stärker ist, dein Körper oder deine Seele!» Er ließ seine Folterknechte kommen und Florian mit Stöcken schlagen.

«Mein Gott, ich danke dir, dass du mich prüfst», betete Florian. «Gib mir die Kraft, mich deiner würdig zu erweisen.» Je mehr der Statthalter seinen Leib quälen ließ, umso stärker wurde seine Seele.

«Bringt ihn weg. Werft ihn in den Fluss», befahl Aquilin. Die Männer banden einen Mühlstein um Florians Körper und brachten ihn auf die Brücke, die über die Enns führte. Während Florian betete, besprachen sie sich, wer ihn ins Wasser stoßen sollte.

Unter den Schaulustigen war auch ein Bursche, der sich über die zögernden Männer lustig machte. Er trat hinter Florians Rücken und gab ihm einen heftigen Stoß, so dass er über die Brücke ins Wasser stürzte. Aber als er sich lachend der Menge zuwandte, um für seine Tat bewundert zu werden, sah er niemanden, der ihn beklatschte. Er war blind geworden.

Florians Leichnam versank trotz des schweren Steins nicht in den Fluten, sondern wurde von den Wellen auf eine Uferbank getragen. Eine Frau namens Valeria nahm den Leichnam auf, salbte ihn und ließ ihn auf einem mit zwei Ochsen bespannten Wagen auf ihren Hof fahren. In ihrem Garten fand Florian ein würdiges Grab, an dem bald viele Wunder geschahen.

Florian starb am 4. Mai 304 als Märtyrer. Über Florians Grab entstand später das Chorherren-Stift Sankt Florian.

Dargestellt wird Florian als Ritter mit Banner, Schild und Lanze, einem Mühlstein am Arm oder zu seinen Füßen und mit einem Wasserkübel in der Hand, denn als Kind soll Florian ein brennendes Haus gelöscht haben. Er ist der Schutzpatron der Bierbrauer, Kaminfeger, Seifensieder und vor allem der Feuerwehrleute.

Die Drachenhöhle

Beatus, 9. Mai

Über Beatus besitzen wir keine historischen Belege. Es wird vermutet, dass er schon im 1. Jahrhundert nach Christi Geburt im Gebiet der Innerschweiz und in der Gegend des Brienzer und Thuner Sees missioniert hat. Andere Legendenforscher glauben, Beatus sei ein schottischer Mönch aus einer vornehmen Familie, habe erst Ende des 8. Jahrhunderts gelebt und sei aus dem Kloster Honau im Elsass in die Schweiz gekommen.

Nachdem Beatus sich zum neuen Glauben bekehrt hatte, verschenkte er sein ganzes Vermögen und machte sich auf, um auch anderen Menschen zu erzählen, was ihm widerfahren war. In Rom lernte er den Apostel Petrus kennen, der ihn zum Priester weihte und ihm von der Zeit berichtete, die er mit Jesus verbracht hatte.

«Nicht nur die Menschen in den Städten, auch die Bauern und Fischer in den einsamen Alpentälern sollen die neue Botschaft hören», sagte Beatus. Mit seinem Freund Achates zog Beatus auf beschwerlichen Wegen über die hohen Berge. Sie kamen an den Vierwaldstättersee und später ins Gebiet des Brienzer und Thuner Sees. Dort beschlossen Beatus und Achates zu bleiben. Sie flochten Matten und Körbe aus Weidenruten, verstanden es, Fischernetze zu flicken, und wollten nichts anderes dafür als das, was sie jeden Tag zum Leben brauchten. Die Hirten und Fischer begegneten den Fremden zuerst mit Misstrauen. Aber als sie sahen, wie die beiden Männer sich Mühe gaben, ihre Sprache zu lernen und mit den Händen zu arbeiten, fingen sie an, ihnen zuzuhören.

«Ihr braucht vor der Rache eurer Götzen keine Angst mehr zu haben», verkündete Beatus. «Der unsichtbare Gott, von dem ich euch erzähle, ist die Liebe.»

Beatus schien auch den Drachen, der in der Gegend sein Unwesen trieb, nicht zu fürchten. Aber niemand wollte ihn und Achetes zu der Stelle rudern, wo der Drache hauste. Endlich erklärte sich ein junger Fischer bereit, die Fahrt zu wagen. Da erhob sich unerwartet ein Sturm.

«Wir fahren trotzdem», sagte Beatus.

Kaum stiegen die drei Männer ins Boot, beruhigte sich das Wetter wieder. Am anderen Ufer angekommen, gebot Beatus Achetes und dem Fischer, im Boot auf ihn zu warten.

Vor ihm lag eine steile, mit Büschen bewachsene Felswand, und plötzlich stand er vor einer Höhle. Als er sie betreten wollte, hörte er ein Fauchen. Aus dem Dunkel kam ihm mit aufgesperrtem Maul der Drache entgegen. Beatus erhob seine Arme, schlug das Kreuz und sagte: «Dieses Zeichen ist stärker als du und das Böse.»
Da bäumte sich der Drache auf und sprang mit einem riesigen Satz über die Felsen hinweg in den See hinein. Dort versank er und wurde nie wieder gesehen.
Beatus aber sagte: «Die Drachenhöhle ist der richtige Ort, um mich auf die Ewigkeit vorzubereiten.»
Achetes blieb unter den Menschen und verkündete ihnen weiterhin die neue Botschaft. Beatus zog sich in die Einsamkeit zurück und starb im hohen Alter.

Beatus bedeutet «der Glückliche». Eine Holzfigur aus dem 15. Jahrhundert in Rechberghausen in Württemberg stellt ihn als Mönch dar, einen Drachen zu seinen Füßen. Im 13. Jahrhundert begannen die Wallfahrten zur Beatushöhle. Heute ist sie ein beliebtes Ausflugsziel.

Die Eisheiligen

Pankratius, Servatius, Bonifatius und Sophia, 12.–15. Mai

Landwirte und Gärtner fürchten sie. Aber die «gestrengen Herren», wie Pankratius, Servatius und Bonifatius im Volk oft genannt werden, lassen hoffen, dass es nach Mitte Mai mit kalten Nächten und Raureif zu Ende ist. Zu den Eisheiligen gehört auch die «Kalte Sophie», die letzte der vier, die gegen Frost und Schaden an Saat und Pflanzen angerufen werden.

SOPHIA lebte im 2. Jahrhundert in Mailand. Nach dem Tod ihres Mannes zog sie mit ihren drei Töchtern nach Rom, um den Christen beizustehen, die unter Kaiser Hadrian verfolgt wurden. Sie war bereit, mit anderen Christen als Märtyrerin zu sterben. Auch ihre drei Töchter Fides, Spes und Caritas glaubten an die Botschaft, die Jesus den Menschen verkündet hatte. Doch bevor Sophia sie in Sicherheit bringen konnte, wurden sie von ihren Verfolgern aufgespürt und nach vielen Martern hingerichtet. Sophia blieb die Kraft, sie würdig zu begraben. So starb sie nicht als Märtyrerin, sondern an Leid und Kummer.
Der griechische Name Sophia heißt Weisheit. Die Namen, die sie ihren Töchtern gab, Fides, Spes und Caritas, bedeuten Glaube, Hoffnung, Liebe.

PANKRATIUS, der jüngste unter den christlichen Märtyrern, starb mit vierzehn Jahren. Ein Onkel hatte den verwaisten, in Phrygien (Kleinasien) geborenen Pankraz mit nach Rom genommen, um sich anstelle seiner Eltern um ihn zu kümmern. Dort wurde Pankraz unter der Herrschaft Kaiser Diokletians zum Tode verurteilt. Doch noch vor seiner Enthauptung im Jahr 304 war es ihm gelungen, sein Hab und Gut unter Not leidende Christen zu verteilen.

SERVATIUS lebte im 4. Jahrhundert. Er stammte von jüdischen Eltern ab und kam aus Armenien. Er wurde Bischof von Tongern, einer Stadt in Belgien.
Ein Engel, so erzählt die Legende, soll ihn persönlich aus Jerusalem nach Tongern geleitet haben. Als er dort ankam, lagen auf dem Altar Ring und Stab des kürzlich verstorbe-

nen Bischofs für seine Weihe schon bereit. Und als er zu predigen begann, verstanden ihn alle Anwesenden in ihrer Muttersprache.
Auf einer Pilgerfahrt nach Rom erschien ihm Petrus, überreichte ihm einen silbernen Schlüssel und sagte: «Dieser Schlüssel möge dir Kraft geben, allen, die darum bitten, das ewige Leben aufzuschließen.» Servatius starb am 13. Mai 387. In der Servatius-Kirche in Maastricht – heute ein Wallfahrtsort – liegt er begraben. Der Schlüssel wird als Reliquie verehrt.

Von BONIFATIUS, dem dritten Eisheiligen, wissen wir wenig. Auch er war ein Märtyrer und lebte um das Jahr 300.
Im Auftrag einer reichen Dame in Rom machte sich der Heide auf die Suche nach Reliquien christlicher Märtyrer. Als er sah, wie die Christen verfolgt und gefoltert wurden, bekehrte er sich zum neuen Glauben. Am Ende brachten seine Begleiter der Sammlerin in Rom keine Reliquien, sondern die Überreste ihres Dieners nach Hause.

BONIFATIUS hieß auch ein Mann, der für den Aufbau der Kirche in Deutschland und für die Kultur des Abendlandes wichtig war. Er war der Sohn eines Adligen und wuchs unter dem Namen Winfried auf. Geboren wurde er im Jahr 675. Er wurde Benediktinermönch, und Papst Gregor II. schickte ihn als Glaubensapostel nach Deutschland, um in Hessen und Thüringen die christliche Botschaft zu verkünden. Er missionierte mit so viel Eifer und Erfolg, dass er 722 in Rom zum Bischof der Deutschen gewählt wurde und den Namen Bonifatius – Glaubensbote – bekam. Viele Wunder werden ihm zugeschrieben: In Geismar fällte er eine Eiche, die dem heidnischen Gott Donar geweiht war. Ihr Stamm zersplitterte in vier Teile und formte sich von selbst zu einer Kapelle. Bonifatius' Spuren sind an vielen Orten zu finden. In Fulda ist sein Grab.
Während der Pfingstmesse im Freien wurde der achtzigjährige Greis – und mit ihm zweiundzwanzig seiner Freunde und Gefährten – in der Nacht vom 4. auf den 5. Juni 754 von Heiden überfallen und ermordet. So starb auch er mit dem Evangelienbuch in der Hand als Märtyrer für das Christentum.

Die heilige Witwe Sophia wird im Elsass am 10. Mai, an anderen Orten am 30. September verehrt. Dargestellt sehen wir sie als Frau und Mutter, zusammen mit ihren drei Töchtern.

Pankratius wird, vornehm gekleidet, mit einer Krone und mit einem Schwert oder einem Palmzweig in der Hand dargestellt. In Frankreich ist Pankratius der Patron der Kinder und Schutzherr der Erstkommunionskinder.

Servatius: Auf Bildern tragen zwei Engel zu seinen Seiten Stab und Buch.
Auch er wird angerufen, die Natur vor Frost zu schützen.

Bonifatius wird mit einem durchbohrten Buch in der Hand und im Kleid eines Bischofs dargestellt. Er ist der Schutzheilige der Diözesen Fulda und Thüringen.
Als ihren persönlichen Heiligen verehren ihn die Bierbrauer und die Schneider. Sein Namenstag ist der 5. Juni.

Der Brückenheilige

Johannes von Nepomuk, 16. Mai

Nepomuk (auch Pomuk) ist der Name des Ortes in der Nähe von Pilsen in Böhmen, in dem Johannes im Jahr 1350 geboren wurde. Er war der Sohn eines Richters. Lesen und Schreiben lernte er bei den Mönchen in seiner Heimatstadt. Später studierte er in Prag und Padua Theologie und Kirchenrecht. Mit dreißig Jahren wurde er Pfarrer an der Galluskirche in Prag. 1389 ernannte ihn der Erzbischof zu seinem Generalvikar.
In Prag stritten sich König Wenzel und der Erzbischof um den Besitz des Klosters von Kladrau. Als sich Johannes von Nepomuk für die Rechte der Kirche einsetzte, ließ der König ihn gefangen nehmen. Nach der Überlieferung folterte er ihn mit eigenen Händen. Als der Priester standhaft blieb, wurde er zum Tode verurteilt und am 16. Mai 1393 von der Karlsbrücke in die Moldau geworfen. Der wahre Grund seiner Verurteilung bleibt ungeklärt. In einer fünfzig Jahre nach der Ermordung geschriebenen Kaiserchronik wird Johannes von Nepomuk auch als Beichtvater der Königin erwähnt. In dem Bericht wird erzählt, er sei ermordet worden, weil er sich geweigert habe, dem König die Beichtgeheimnisse seiner Gattin preiszugeben.

Der König war eifersüchtig auf das Vertrauen, das seine Frau dem Priester schenkte. Eines Tages ließ er ihn zu sich rufen.
«Ich will wissen, was die Königin dir heute gebeichtet hat.»
«Nein», sagte Nepomuk. «Das darf ich dir nicht sagen.»
Der König versuchte es mit Geschenken, dann mit Drohungen. Als er merkte, dass der Priester standhaft blieb, begann er ihn zu hassen. Eines Tages wurde dem König in Gegenwart Nepomuks ein schlecht gebratenes Hühnchen vorgesetzt. Er befahl, den Koch auf dem Feuer, an dem er das Hühnchen zubereitet hatte, zu verbrennen. Johannes von Nepomuk verteidigte den Mann.
«Wie kannst du es wagen, dich in meine Angelegenheiten einzumischen», schrie Wenzel den Priester an. «Sperrt ihn ein.» Nach einigen Tagen ließ er ihn wieder frei und lud ihn zum Essen ein. Doch Nepomuk weigerte sich auch diesmal, das Beichtgeheimnis der Königin preiszugeben.

Da begann der König ihn eigenhändig mit brennenden Fackeln zu quälen. Nepomuk ahnte, dass der König seinen Tod beschlossen hatte. Er verabschiedete sich von seinen Freunden und begab sich auf eine Wallfahrt.
Als der König ihm nach seiner Rückkehr auf der Straße begegnete und in sein verklärtes Gesicht sah, packte ihn eine solche Wut, dass er befahl, ihn von Neuem gefangen zu nehmen. An Händen und Füßen gefesselt und mit Steinen beschwert, wurde er in die Moldau geworfen. Doch der Leichnam tauchte wieder empor. Es wurde plötzlich so hell, dass viele Leute erwachten und nach der Ursache des Lichts forschten. Bald erkannten sie den Leib Nepomuks, der auf dem Wasser trieb. Er war von einem überirdischen Glanz umgeben. Allen, die am Ufer und auf der Brücke standen, war es, als wären die Sterne ins Wasser gestürzt.
Auch die Königin war erwacht. Sie wollte ihren Mann zur Rede stellen, doch der König war aus der Stadt geflohen, voller Angst und verzweifelt über seine Tat, die nun durch das Wunder offenbar geworden war.
Das geschah am Abend vor Christi Himmelfahrt am 16. Mai im Jahre 1393. Das Grab Johannes von Nepomuks befindet sich im Veitsdom in Prag.
Er wurde im Jahr 1729 heiliggesprochen.

Er wird als Priester mit einem Kruzifix und der Zunge in der Hand dargestellt, auch mit dem Zeigefinger auf den Lippen. Sein Haupt ist von einem Kranz aus fünf Sternen umgeben.
Eine Marmorplatte auf der Prager Karlsbrücke bezeichnet heute noch die Stelle, an der Nepomuk in die Moldau gestoßen wurde. So gilt Johannes von Nepomuk nicht nur als Verteidiger des Beichtgeheimnisses, sondern auch als Beschützer der Brücken. Er ist der Heilige der Beichtväter, der Flößer, Schiffer, Müller und Brückenbauer.

Deo Gratias

Felix, 18. Mai

Im Jahr 1515 wurde einem Bauern in Cantalice (Umbrien) ein Sohn geboren. Er gab ihm den Namen Felix. Das heißt «der Glückliche». Die Familie war arm. Doch Vater und Mutter waren dankbar, dass sie ihre Kinder wenigstens ernähren konnten. Felix wäre gern zu Schule gegangen.

«Was denkst du nur!», sagte der Vater, «ich brauche dich als Hirten für die Schafe und Ziegen.»

Auf der Weide hatte Felix Zeit, nachzudenken und zu träumen. Lieber, als mit anderen Kindern Streiche auszuhecken oder sich mit ihnen zu balgen, saß Felix im Schatten eines Baumes und dachte an die Legenden und an die Geschichten aus der Bibel, die seine Mutter ihm erzählt hatte. In die Rinde einer Eiche schnitzte er ein Kreuz, kniete davor nieder und betete. Aus trockenen Beeren hatte er sich einen Rosenkranz gebastelt. Alles tat er mit einer solchen Innigkeit, dass oft Tränen über seine Wangen liefen. Es machte ihm nichts aus, dass er von den anderen Kindern ausgelacht und verspottet wurde.

Als Felix zwölf Jahre alt war, sagte sein Vater: «Du bist nun alt und stark genug. Ich will dich unserem Gutsbesitzer verdingen. Er wird uns dafür einen Teil des Pachtzinses erlassen. Sei fröhlich und fleißig, dass ich mich deinetwegen nicht zu schämen brauche.»

Trotz der strengen Arbeit versäumte Felix nie, am Abend noch zu seinem Kreuz zu laufen, um zu beten und Gott für seine Güte zu danken. Eines Tages gerieten zwei wild gewordene Stiere aneinander. Felix versuchte sie zu trennen.

Sie stießen ihn zu Boden und verletzten ihn mit ihren Hörnern so schwer, dass er am ganzen Körper blutete. Doch plötzlich, wie von einer fremden Hand gezähmt, ließen die Tiere von ihm ab und liefen besänftigt davon. Felix stand auf und siehe da – sein Körper war ohne Wunden.

Je älter Felix wurde, umso größer wurde sein Wunsch, in ein Kloster einzutreten oder Einsiedler zu werden. Bei den Kapuzinern von Cittaducale bat er um Aufnahme. Als der Abt den kräftigen jungen

Mann vor sich sah, meinte er, ihn vor den Entbehrungen eines Lebens im Kloster warnen zu müssen. Doch Felix ließ sich nicht abschrecken. Mit dreißig Jahren legte er das Ordensgelübde ab, und demütig nahm er die Aufgabe an, nach Rom zu pilgern und in den Straßen der großen Stadt Almosen für den Konvent und für die Armen zu sammeln. Auch für die kleinste Gabe, und sogar wenn er verspottet wurde, bedankte er sich stets mit den Worten «Deo gratias», was «Gott sei Dank» heißt.
«Macht bitte Platz für den Esel aus dem Kapuzinerkloster», soll er gesagt haben, wenn er sich einen Weg durch die Menge bahnte. Wenn er Filippo Neri (26. Mai) begegnete, der viel Spaß verstand und sich in den Straßen Roms um verlassene Kinder und um Kranke kümmerte, umarmten sie einander wie Brüder. Ganz Rom kannte und liebte die beiden.

Felix starb im Alter von 72 Jahren am 18. Mai 1587.
Er wurde 1712 heiliggesprochen und lebt als «Bruder Deo gratias» weiter.
Dargestellt wird er mit Bettelsack und Rosenkranz.

Der heilige Narr

Filippo / Philipp, 26. Mai

Filippo Neri wurde 1515 in Florenz als Sohn eines Rechtsanwalts geboren. Mit achtzehn Jahren schickte ihn sein Vater zu einem kinderlosen Onkel in der Nähe von Rom. Bald zeigte der junge Mann keine Lust mehr, dessen Geschäft zu übernehmen. Er lebte eine Zeitlang als Erzieher bei einer florentinischen Familie, dann studierte er Philosophie und Theologie. Viel lieber aber lief er in den Straßen der Stadt herum, sprach mit den Leuten und kümmerte sich um Hungernde und Kranke.

Zusammen mit einem Priester, seinem Beichtvater, gründete er «Die Bruderschaft zur Pflege von Pilgern und Genesenden». Auf Drängen der Kirche ließ er sich mit sechsunddreißig Jahren zum Priester weihen. Nicht nur die Gassenjungen, sondern auch die Handwerker und Händler fassten Vertrauen zu ihm. Viele Leute machten sich lustig über ihn. Doch das kümmerte ihn wenig. Er besaß etwas Seltenes: Humor und Demut.

Einmal war Filippo beim Papst zu Besuch. Da hörte er, wie ihm ein Priester von einer Nonne erzählte.

«Sie müsste heiliggesprochen werden», sagte der Priester. «Es gibt wohl keine andere Ordensfrau, die so fromm ist wie sie.»

Der Papst wandte sich an Filippo: «Ich erteile dir den Auftrag, die Wahrheit dieser Behauptung zu untersuchen.» Das Kloster, in dem die Nonne wohnte, lag außerhalb Roms. Filippo machte sich unverzüglich auf den Weg. Zuerst ließ er sich bei der Äbtissin melden. Auch sie konnte kaum genug tun, die Frömmigkeit ihrer Glaubensschwester zu rühmen. Nun bat Filippo, der Nonne persönlich vorgestellt zu werden. Die Äbtissin dachte, Filippo wolle sich mit der frommen Frau über göttliche Dinge unterhalten. Aber als sie mit gefalteten Händen ins Zimmer trat, streckte er ihr seine schmutzigen Stiefel entgegen.

«Bitte», sagte er, «zieh mir die Stiefel aus«.

Die Nonne wurde rot vor Zorn.

«Was stellst du dir eigentlich vor?», sagte sie empört. «Ich bin die Braut Jesu Christi.»

«Ich verstehe», sagte Filippo gelassen. Er erhob sich und ritt auf seinem Esel in die Stadt zurück. Der Papst war erstaunt, Filippo so schnell wiederzusehen.
«Was hast du mir zu berichten?« fragte er neugierig.
Filippo lachte. «Die himmlische Braut ist eine fromme Ziege», sagte er, «nichts anderes«.
«Warum?», wollte der Papst wissen.
«Zu einer Heiligen fehlt ihr das Wichtigste.»
«Und was ist das?«
«Demut.»

Eines Tages kam ein vornehmer Prinz zu Filippo und wollte in seine Bruderschaft zur Pflege der Pilger und Kranken aufgenommen werden. Filippo willigte ein, aber er spürte bald, dass der Wunsch des Prinzen nur eine Laune war. Nach einigen Monaten bat der Prinz, das Ordenskleid tragen zu dürfen.
«Gern», sagte Filippo, «aber zuerst musst du eine Prüfung bestehen.»
«Und was soll das für eine Prüfung sein?», fragte der Prinz.
Filippo holte einen Fuchsschwanz und band ihn dem Jungen hinten an den Rock.
«Damit sollst du mit ernstem Gesicht durch die Straßen Roms spazieren», sagte er.
«Was denkst du dir eigentlich», sagte der Prinz entrüstet. «Du solltest froh sein, einen echten Prinzen unter deinen Brüdern zu haben. Ich habe mich gemeldet, um geehrt zu werden, und nicht, um mich vor den Leuten lächerlich zu machen.»
«Dann bist du für uns nicht der Richtige», lächelte Filippo.
«Wir haben uns nicht zusammengetan, um geehrt zu werden, sondern um der Ehre im Dienste unserer armen Brüder zu entsagen.»
Darauf nahm der Prinz seinen Abschied und ließ sich nie wieder sehen.

Filippo Neri wird mit einem Stock, einem Rosenkranz und einem flammenden Herzen dargestellt. Er ist der Beschützer Roms und Mantuas, der Heilige des Volkes. Filippo starb im Jahr 1595. Sein Grab befindet sich in der von ihm gebauten Kirche «Chiesa Nuova».

Helfer in der Not

Erasmus, 2. Juni

Erasmus lebte zur Zeit Diokletians um 300. Er stammte aus Antiochien. Dort wählten ihn die Christen zum Bischof. Vom Kaiser verfolgt, flüchtete er nach dem Libanon. Nach seiner Rückkehr wurde er vor ein Gericht gestellt und gefoltert. Der Legende nach überstand er alle Martern.
Erasmus soll im Jahr 303 im hohen Alter in Formia bei Rom gestorben sein.

Als Erasmus im Libanon das Leben eines Einsiedlers führte und Gott anflehte, die verfolgten Christen zu beschützen, brachte ihm ein Rabe jeden Tag die Nahrung, die er zum Überleben brauchte. Eines Tages erschien ihm ein Engel, der ihm gebot, nach Antiochia zurückzukehren. Aber kaum zu Hause angekommen, wurde er von den Soldaten Diokletians gefangen genommen und brutal gefoltert. Er wurde in einen Kessel mit heißem Öl gestellt. Da kam der Engel wieder, um ihm Kühlung zuzufächeln. Unversehrt stieg Erasmus aus dem Kessel. Das herausspritzende Öl aber traf den Kaiser, der aufschrie und Erasmus verzweifelt bat, seine Schmerzen zu lindern. Trotzdem hörte er nicht auf, Erasmus zu quälen.
Aber wieder war es ein Engel, der Erasmus zu Hilfe kam. Es war der Erzengel Michael selbst, der ihn an die Hand nahm, aus dem Kerker befreite und nach Italien führte. Auf dem Schiff, das Erasmus und seinen Engel übers Meer brachte, wunderten sich die andern Passagiere über Erasmus. Sie bemerkten staunend, dass von ihm ein Licht ausging, das auch in der Dunkelheit nicht erlosch.
Eines Morgens erhob sich ein Sturm. Das Schiff wurde wie eine Nussschale hin- und hergeworfen. Der Kapitän, die Mannschaft und die Passagiere verloren jede Hoffnung, noch lange am Leben zu bleiben. Da stand Erasmus auf, breitete seine Arme aus und begann laut zu beten. Sogleich beruhigte sich der Wind, die Wellen glätteten sich, und das Schiff konnte ruhig seinem Ziel entgegenfahren. In Formia lebte Erasmus als guter Seelsorger bis ins hohe Alter.

Erasmus' Gebeine wurden im 9. Jahrhundert nach Gaeta bei Neapel überführt, wo über seinem Grab eine Kirche entstand.

Dargestellt wurde Erasmus am Anfang mit dem Raben, der ihn ernährte, später auch als Märtyrer: Er steht in einem Kessel mit siedendem Öl. Manchmal wird er auch mit einer Seilwinde dargestellt. Sie wurde irrtümlicherweise mit seinem Martyrium in Verbindung gebracht, aber sie erinnert an die Überfahrt nach Italien und zeigt ihn als Patron der Seeleute. Er ist auch der Beschützer der Drechsler, der gebärenden Frauen und aller Haustiere.

Das Recht des Wolfes

Norbert, 6. Juni

Norbert war der Sohn eines Adligen. Er brachte es zu hohem Ansehen und führte ein sorgloses Leben.
Eines Tages wurde er auf einem Spazierritt von einem Gewitter überrascht. Zu den Füßen seines Pferdes schlug ein Blitz in die Erde und hätte ihn beinahe getötet. Für Norbert war dieser Blitz ein Zeichen des Himmels. Er beschloss, sein Leben zu ändern, verschenkte sein Vermögen an die Armen und wurde Priester. Als Prediger wanderte er durch Deutschland, Frankreich und Belgien. Später zog er sich nach Prémontré zurück. Mit dreizehn gleichgesinnten Brüdern baute er dort eine verfallene Kirche wieder auf. Als sich immer mehr Männer um ihn sammelten, wurde daraus eine Klostergemeinschaft. Sie lebten nach den refomierten Regeln des heiligen Augustinus und nannten sich Norbertiner oder Prämonstratenser.

Als Norbert in Prémontré weilte, entdeckten seine Brüder beim Holzsammeln einen Wolf, der eben dabei war, ein Reh zu verschlingen. Mit Holzknebeln und lautem Geschrei erschreckten sie das Tier. Es ließ seine Beute fallen und flüchtete. Die Mönche lachten und nahmen das tote Reh mit nach Hause. Sie hängten es an eine Wand, um ihm die Haut abzuziehen und das Fleisch selber zu essen. Plötzlich stand der Wolf vor dem Eingang des Klosters. Die Brüder versuchten ihn zu vertreiben. Es gelang ihnen jedoch nicht.
Norbert, der in seiner Zelle saß, wunderte sich über den ungewohnten Lärm und schaute nach, was los war. Als der Wolf den Abt erblickte, setzte er sich wie ein zahmer Hund nieder und schaute ihn mit vorwurfsvollen Augen an. Da sagte Norbert zu seinen Brüdern: «Es muss einen Grund haben, dass dieser Wolf vor unserer Türe sitzt und sich nicht verscheuchen lässt.»
Die Brüder erzählten ihm mit schlechtem Gewissen, was sie getan hatten.
«Also ist es sein Recht, sich zu beklagen», sagte Norbert. «Ihr habt ihn um seine Beute betrogen. Gebt ihm sofort zurück, was ihm gehört.»
Die Brüder sahen ihr Unrecht ein und baten den Wolf um Verzeihung. Der Wolf schien zufrieden. Ohne den Mönchen ein Leid anzutun, nahm er seine Beute zwischen die Zähne und trottete davon.

Gegen seinen Willen wurde Norbert zum Bischof von Magdeburg gewählt. Als er in den Bischofspalast einzog, kam er zum Ärger der kirchlichen Würdenträger barfuß und mit einer einfachen Kutte bekleidet. Norbert starb am 6. Juni 1134 in Magdeburg.

Norbert wird meistens in der Tracht eines Bischofs dargestellt. In der einen Hand hält er den Kreuzstab, in der anderen einen Kelch. Oft sitzt zu seinen Füßen ein kleiner Teufel und erinnert daran, dass er während seiner Zeit als Wanderprediger böse Geister austrieb. Weil es ihm gelang, ein tot geborenes Kind zum Leben zu erwecken, ist Norbert der Schutzpatron der Wöchnerinnen.

Antonius von Padua

Antonius, 13. Juni

Antonius wurde im Jahr 1195 in Lissabon geboren. Er war der Sohn einer vornehmen Familie und hieß Fernandez Martin de Bulhorn. Mit fünfzehn Jahren trat er in den Orden der Augustiner-Chorherren ein und beschäftigte sich zehn Jahre lang mit dem Studium der Heiligen Schrift. Als Fernando von fünf Brüdern des Franz von Assisi hörte, die in Marokko den Märtyrertod erlitten hatten, beschloss er, auch Franziskaner zu werden und sich Antonius zu nennen. Auf einer Missionsreise nach Nordafrika überfiel ihn eine schwere Krankheit. Er musste wieder umkehren. Doch sein Schiff verlor im Sturm die Richtung und landete auf Sizilien. Kaum hatte sich Antonius von seiner Krankheit etwas erholt, machte er sich auf den Weg nach Assisi, um Franziskus, sein großes Vorbild, kennenzulernen.
Als er in Assisi ankam, waren dreitausend Brüder zum jährlichen Ordenskapitel versammelt, und niemand beachtete den jungen Gelehrten aus Portugal. In einem Kloster verrichtete er die einfachsten Arbeiten. Viele Brüder hielten den schweigsamen Mönch für schwachsinnig. Erst als er während einer Feier von einigen Mönchen zum Spaß aufgefordert wurde, eine Predigt zu halten, erfuhren sie die Wahrheit und staunten über seine Rednergabe. Franziskus erteilte ihm die Aufgabe, durch das Land zu ziehen und in den Städten zu predigen.

Als Antonius einmal nach Rimini kam, um zu predigen, war die Kirche leer. Die vielen Ungläubigen in der Stadt fürchteten sich vor der Gewalt seiner Worte. Da ging Antonius ans Ufer des Meeres und begann, laut zu sprechen. Sogleich kamen Tausende von kleinen und großen Fischen angeschwommen und hörten ihm andächtig zu. Wie Franziskus den Vögeln, predigte er nun den Fischen und lobte Gott, der sie alle erschaffen hatte.
Vor Freude sprangen die Fische in die Luft und klatschten mit ihren Flossen auf das Wasser. Einige Fischer, die am Wasser ihre Netze flickten, liefen davon, um allen Leuten zu erzählen, was sie gesehen hatten. Bald war die ganze Stadt am Meeresufer versammelt, und viele Männer und Frauen waren bereit, ihre Herzen dem Wort Gottes zu öffnen.
Nur ein Mann namens Bonvillo sagte: «Dieser Antonius hält euch zum Narren. Ein Fisch, der seinen Kopf aus dem Wasser streckt, ist für mich noch lange kein Wunder.»

«Was wäre denn für dich ein Wunder?», fragte ihn Antonius.
Bonvillo lachte: «Wenn ich meinem Esel drei Tage lang kein Futter mehr gebe und wenn er nach dieser Zeit Heu und Hafer verschmäht, um die heilige Hostie anzubeten, so könnte ich wohl an deinen Gott glauben.»
«Gut», sagte Antonius. «Lass es uns versuchen.»
Nach drei Tagen nahm Antonius die Hostie in die Hand, und der Mann legte seinem Esel das Futter vor. Doch das Tier beachtete weder das Heu noch den Hafer, wandte seinen Kopf andächtig der Hostie zu und verharrte lange Zeit, ohne sich zu rühren.
«Du hast gewonnen», sagte der Mann.

Antonius starb mit 36 Jahren. Die letzte Zeit seines Lebens verbrachte er in Padua. In Padua steht auch die große ihm geweihte Basilika.

Antonius wird als junger Franziskaner dargestellt. In der rechten Hand hält er eine Lilie und auf dem rechten Arm trägt er das Jesuskind. Er ist auch der Schutzheilige der Franziskaner, der Bergleute und der Verliebten.

Der Schlüssel zum Dom

Benno, 16. Juni

Benno, Graf von Bultenberg, stammte aus Sachsen. Geboren wurde er im Jahr 1010 in Hildesheim. Mit dreißig Jahren wurde er zum Abt des Klosters St. Michael in Hildesheim gewählt. Er fühlte sich der Aufgabe nicht gewachsen und bat seine Brüder, einen anderen an seine Stelle zu setzen. Darauf verbrachte er sechzehn Jahre als Propst im Chorherrenstift von Goslar. 1066 wurde er Bischof von Meißen. Er versah das Amt mit Klugheit und Güte. Ein wichtiges Anliegen war ihm die Bekehrung der heidnischen Sachsen und Slawen zum Christentum. Dies trug ihm später den Titel «Apostel der Slawen» ein.

Gegen Ende des 11. Jahrhunderts geriet der deutsche Kaiser Heinrich IV. mit Papst Gregor VII. in Streit. Der Kaiser berief die deutschen Bischöfe nach Worms, um den Papst mit ihrer Hilfe abzusetzen. Benno, der Bischof von Meißen, weigerte sich, der Einladung des Kaisers Folge zu leisten, und reiste nicht nach Worms, sondern nach Rom. Vor seiner Abreise übergab er die Schlüssel zum Dom zwei befreundeten Chorherren.

«Sollte der Kaiser den Dom betreten wollen, bitte ich euch, die Schlüssel in die Elbe zu werfen.»

Nach drei Jahren war der Kaiser gezwungen, seinen Widerstand gegen den Papst aufzugeben. Benno beschloss, als unbekannter Reisender nach Meißen zurückzukehren. Nur seine Freunde erkannten ihn wieder.

Während eines Essens im Bischofspalast fragte ihn ein kaiserlicher Graf: «Wie willst du wieder Bischof werden ohne die Schlüssel?« Der Spötter wusste, dass Benno vor seiner Abreise befohlen hatte, sie in die Elbe zu werfen.

Benno schaute ihn ruhig an und sagte: «Gott hat mir mein Bistum zurückgegeben, er wird mir auch die Schlüssel wieder geben.»

Darauf wurde eine Schüssel mit einem großen Fisch aufgetragen. Als er zerlegt wurde, kamen in seinem Bauch die Schlüssel zum Vorschein.

Die Kunde der wunderbaren Fügung verbreitete sich in Windeseile in der ganzen Stadt. Vor dem Dom versammelte sich eine jubelnde Menge, um Benno ehrenvoll in die Kirche zu geleiten. Benno aber hielt eine so wunderbare Predigt, dass allen Zuhörern die Tränen kamen.

Benno blieb Bischof bis zu seinem Tod am 16. Juni 1106. Er wurde am 16. Juni 1524 heiliggesprochen. Um seine Reliquien vor den Reformatoren in Sicherheit zu bringen, wurden sie im Jahr 1576 dem Herzog von Bayern geschenkt, der sie 1580 nach München überführte. In der Frauenkirche sind sie, zusammen mit Bennos Mantel, auch heute noch zu sehen.

Der heilige Benno wurde aus diesem Grund nicht nur der Patron des Bistums Dresden-Meißen, sondern auch von Bayern und seiner Hauptstadt München.

Dargestellt wird Benno im Bischofsgewand. Er hält einen Stab und ein Buch in der Hand, auf dem ein Fisch und die Schlüssel liegen. Er ist der Schutzheilige der Fischer und Tuchmacher.

Der fröhliche Gastgeber

Goar, 6. Juli

Goar lebte im 6. Jahrhundert. Er stammte aus einer vornehmen Familie aus einer Gegend in der Nähe der Pyrenäen. Die Menschen liebten ihn. Er war fröhlich und zeigte Verständnis für ihre Nöte. Als Priester zog er nach Deutschland und baute sich mit Erlaubnis des Bischofs von Trier zwischen Oberwesel und Boppard eine Einsiedlerklause.

Für Goar, den Einsiedler, war Gott nicht jemand, der die Menschen bestrafte, sondern einer, der sie liebte und ihnen ihre Schwächen verzieh. Seine Klause stand auch den einfachen Leuten und den Armen offen. Es machte ihn glücklich, sie mit einem guten Essen und einem Becher Wein oder Bier zu bewirten, mit ihnen zu lachen und zu singen. Das kam auch einigen Beamten des Bischofs zu Ohren.
«Seine Zelle gleicht einer Gaststube für Lumpengesindel, Fresser und Säufer», sagten sie und konnten es kaum erwarten, ihrem Herrn von dem Treiben Goars zu berichten.
Der Bischof schickte zwei Männer zu Goar, um die Sache zu untersuchen und, falls es wahr wäre, den Einsiedler gleich mitzubringen. Er würde ihn bestrafen. Die Verleumder freuten sich. Auch die beiden Beamten, die sich sogleich auf den Weg machten, gehörten zu ihnen. Als sie bei Goar erschienen, begrüßte er sie freundlich und bot ihnen zu essen und zu trinken an.
«Was für eine Überraschung, bei einem Einsiedler ein so feines Mahl zu bekommen», sagten sie vorwurfsvoll.
«Wenn ihr mit Liebe essen würdet, was ich euch mit Liebe zubereitet habe, würdet ihr nicht so sprechen», sagte Goar mit heiterer Miene.
Die beiden Beamten nickten sich zu. Sie brauchten keine weiteren Beweise und sagten zu Goar: «Morgen früh wirst du uns zum Bischof begleiten. Er wünscht dich zu sehen.» Der Einsiedler, der sich keines Vergehens bewusst war, freute sich darüber. Am folgenden Morgen stellte er ein kräftiges Frühstück auf den Tisch. «Das wird uns stärken», lachte er.
Doch die Beamten verzogen keine Miene. Um ihm eine Lehre zu erteilen, weigerten sie sich, etwas zu essen, und drängten zum Aufbruch. Doch Goar frühstückte in aller Ruhe

zu Ende, und was übrig blieb, schenkte er zwei Fremden, die zufällig vorbeikamen.
Unterwegs unterhielt Goar die Männer mit Geschichten, aber sie hatten keine Lust, ihm zuzuhören. Sie fühlten sich von Stunde zu Stunde elender und vermochten kaum noch aufrecht auf ihren Pferden zu sitzen. Plötzlich brachen sie vor Schwäche zusammen.
«Hilf uns, wir sterben sonst vor Erschöpfung», klagten sie.
«Ach, hättet ihr doch mein Essen nicht verschmäht», sagte Goar bekümmert und ohne Schadenfreude. «Aber ich will Gott bitten, euch Hilfe zu schicken.»
Da traten drei Hirschkühe aus dem Wald. Goar lockte sie mit sanfter Stimme zu sich her, molk sie und gab den beiden Männern von der Milch zu trinken. Gestärkt ritten sie weiter und kamen gegen Abend wohlbehalten nach Trier.
Der Bischof wunderte sich, als seine beiden Beamten plötzlich nur Gutes über den Einsiedler zu berichten wussten. Trotzdem blieb er misstrauisch.
«Ein Einsiedler hat die Aufgabe, zu fasten und zu beten, und nicht, mit seinen Besuchern zu essen und zu trinken», sprach er und befahl Goar, seine Lebensweise zu rechtfertigen.Goar wusste nicht, wie er sich wehren sollte. Hilflos stand er vor dem Bischof und seinen Würdenträgern. In diesem Augenblick brach ein Sonnenstrahl durch eine Mauerritze.

Verwirrt durch die glänzende Pracht des Bischofspalastes, hielt Goar den Sonnenbalken für eine goldene Stange. Als er die Hitze in dem Raum nicht mehr ertrug, zog er seinen Mantel aus und hängte ihn über den Sonnenstrahl. Staunend sahen der Bischof und alle, die Goar verleumdet hatten, dass der Mantel daran hängen blieb.

«Es gibt wohl verschiedene Arten, Gott zu dienen», sagte der Bischof.

Die Verleumder schämten sich und baten Goar um Verzeihung. Der Einsiedler kehrte in seine Klause zurück. Er würde auch in Zukunft ein fröhlicher Gastgeber sein und mit anderen teilen, was er selbst geschenkt bekam.

Die Gastfreundschaft Goars kommt auch in den Darstellungen des Heiligen zum Ausdruck. Er hält einen Topf in der Hand. Zu seiner Seite stehen drei Hirschkühe. Ein Teufel auf seiner Schulter bedeutet, dass er von seinen Neidern und Feinden zu Unrecht angeklagt wurde. Goar ist der Schutzpatron der Gastwirte, der Weinbauern, der Schiffer und Töpfer.

Ora et labora

Benedikt von Nursia, 11. Juli

Benedikt wurde um das Jahr 480 in Italien geboren. Sein Geburtsort Norcia (Nursia) liegt in Umbrien. Er war der Sohn vornehmer Eltern und verlebte mit seiner Zwillingsschwester Scholastica eine unbeschwerte Jugend. Zum Studium schickte ihn der Vater nach Rom. Benedikt empörte sich über die losen Sitten seiner Mitstudenten. Ohne das Studium zu beenden, verließ er die Stadt wieder. In einer Höhle bei Subiaco fand Benedikt Ruhe und Zeit zum Nachdenken. So wurde er, kaum siebzehn Jahre alt, zu einem Eremiten.

Nach drei Jahren völliger Abgeschiedenheit wurde er von Hirten entdeckt. Darauf baten ihn die Mönche des nahe bei Subiaco gelegenen Klosters Vicovaro, ihr Abt und Vorsteher zu werden. Doch seine Strenge und sein Wunsch nach Ordnung schaffte ihm unter den Klosterbrüdern Feinde. Sie versuchten, ihn zu vergiften. Das Attentat misslang. Benedikt kehrte enttäuscht in seine Höhle nach Subiaco zurück.

Nun war er kein Unbekannter mehr. Von überall her kamen Männer, die das einfache Leben mit ihm teilen wollten. Mit ihnen baute Benedikt sein erstes Kloster auf. Als es immer mehr wurden, die sich um ihn versammelten, gründete Benedikt in Montecassino, in der Nähe Roms, ein weiteres Kloster. Dort schrieb er die berühmten Regeln für das mönchische Leben, die Benediktsregel. Die Grundlage dieser Regel sind die lateinischen Worte «ora et labora», «bete und arbeite».

Einer von Benedikts Lieblingsschülern in Montecassino war Maurus, der Sohn eines römischen Senators. Mit zwölf Jahren wurde der Junge von seinen Eltern zur Erziehung ins Kloster gebracht. Die Mönche lächelten über ihn, weil er eifrig danach trachtete, es in allem dem großen Meister Benedikt gleichzutun.

Einmal fiel einer seiner Kameraden, Placidus, beim Wasserholen in den See und wurde von den Wellen mitgerissen. Benedikt und Maurus, die in der Nähe standen, erschraken. «Versuche ihn zu retten», sagte Benedikt zu Maurus. Maurus konnte nicht schwimmen, aber nie wäre es ihm eingefallen, einen Wunsch Benedikts nicht zu erfüllen. Ohne sich zu besinnen, lief er ans Ufer und ins Wasser hinein. Und siehe da, er versank nicht. Er lief auf dem Wasser, als hätte er festen Boden unter den Füßen. Er zog den aus dem Wasser auftauchenden Placidus empor und brachte ihn ans Ufer zurück.

«Dein Segen hat mir geholfen und ein Wunder vollbracht», sagte Maurus zu Benedikt. «Nein», antwortete Benedikt, «nicht mein Segen hat das Wunder vollbracht, sondern dein Gehorsam.»
Als der für seine Grausamkeit berüchtigte König der Goten, Totila, nach Italien kam, hörte er auch von Benedikt und den Wundern, die er vollbracht hatte: Das Glas, in dem die Mönche von Vicovaro ihn mit vergiftetem Wein töten wollten, war in dem Augenblick zersprungen, als Benedikt es an seine Lippen setzte. Beim zweiten Versuch, ihn umzubringen, entwich dem Becher mit dem tödlichen Trank eine Schlange. Einen Novizen, der von einer einstürzenden Mauer erschlagen worden war, erweckte er wieder zum Leben.
Totila spottete über die Geschichten, die ihm von Benedikt erzählt wurden. Vor allem zweifelte er an seiner Gabe, viele Dinge vorauszusehen und sich von niemandem täuschen zu lassen. Eines Tages ließ er sich bei Benedikt als Besucher melden. Doch an seiner Stelle schickte er einen Mann aus seinem Gefolge namens Rigo. Als Benedikt den Mann im Gewand des Königs erblickte, sagte er: «Die Kleider, die du trägst, sind nicht die deinen.» Rigo bat Benedikt um Verzeihung. Auch seine Begleiter schämten sich der plumpen Täuschung und fielen vor dem Abt auf die Knie.
Nun wollte Totila den Abt persönlich kennenlernen. Er war von Benedikt beeindruckt und ließ sich von ihm den Segen erteilen. Als der König kurz nach seinem Besuch in Montecassino das Königreich Neapel eroberte, gab er den Befehl, die Gefangenen mit Milde zu behandeln. Die unerwartete Menschlichkeit war seiner Begegnung mit Benedikt zu verdanken.

Benedikt starb am 21. März des Jahres 547. Nach seinem Tod verbreitet sich sein Orden über ganz Europa. Das geordnete Leben der Mönche mit Gebet und Arbeit verschaffte ihnen in allen Kreisen Achtung. Sie werden die «Baumeister des christlichen Abendlandes» genannt.
Dargestellt wird Benedikt als Abt mit Stab und Buch oder nach der Legende auch mit einem zersprungenen Glas oder einem Kelch, aus dem eine Schlange entweicht. Benedikt ist der Heilige der Kupferschmiede.

Der Bettler

Alexius, 17. Juli

Alexius war der einzige Sohn eines römischen Senators, der so reich war, dass ihm dreitausend Sklaven dienten, die alle goldene Gürtel und seidene Kleider trugen. Doch in seinem Haus wurden auch jeden Tag drei Tische für Witwen und Waisen, Pilger und Bettler gedeckt. Zu den Armen fühlte sich Alexius besonders hingezogen. Schon als kleiner Junge blieb er vor jedem Bettler stehen, nicht nur, um ihm ein Almosen zu schenken, sondern auch, um mit ihm zu reden.

«Um Christi willen, ein Bettler!», gab er zur Antwort, wenn ihn jemand fragte, was er einmal werden wolle. Alexius wurde im christlichen Sinne erzogen und in allen Künsten unterrichtet. Wie sein Vater Euphemius sollte er ein angesehener Mann bei Hofe werden. Ein Mädchen aus der Familie des Kaisers wurde ihm zur Heirat bestimmt, und die Hochzeit gegen seinen Willen mit Prunk gefeiert. Doch Alexius hatte nicht das Verlangen, eine Familie zu gründen. Der Wunsch, sich von der Welt zu trennen und sein Leben Gott zu weihen, erfüllte sein ganzes Wesen. Er wollte ein Bettler werden.

«Sei mir nicht böse», bat er seine Braut, «ich kann nicht anders. Ich muss meinen eigenen Weg gehen. Bleib bei meinen Eltern, versuche sie zu trösten.»

Weil er fürchtete, seine Eltern würden ihn mit allen Mitteln zurückhalten, verließ er heimlich den Palast. Ein Schiff brachte ihn nach Syrien. In der Stadt Edessa verschenkte er alle Wertsachen, die er noch bei sich trug. Er zog einfache Kleider an, setzte sich wie die anderen Bettler im Vorraum der Kirche auf die Erde, betete zu Gott und hoffte, der eine oder andere Kirchgänger werde sich seiner erbarmen. Von den Münzen, die ihm zugeworfen oder vor die Füße gelegt wurden, behielt er für sich nur, was er unbedingt brauchte. Das Übrige verschenkte er den anderen Bettlern, die gleich ihm um Almosen flehten.

Im Palast seiner Eltern herrschte große Trauer. Seine Mutter Aglaës hatte sich seit seinem Verschwinden zum Schlafen einen Sack auf den Boden gelegt: «Ich werde nicht aufhören, um meinen Sohn zu trauern, bis ich ihn wiederhabe.» Der Vater sandte unzählige seiner Diener in die Welt hinaus: «Wer Alexius findet, den werde ich reich belohnen», versprach er.

Einige der Männer kamen auf ihrer Suche auch nach Edessa. Sie sahen Alexius im Vorraum der Kirche unter den anderen Bettlern, sie schenkten ihm sogar ein Almosen, doch sie erkannten ihn nicht.

Siebzehn Jahre hatte Alexius als Bettler in Edessa verbracht. Da begann eines Tages das Bild der heiligen Mutter Gottes, das im Inneren der Kirche aufbewahrt wurde, zu sprechen: «Lasst den Mann Gottes, der draußen im Vorraum sitzt, hereinholen, denn er ist heilig, und der Geist Gottes ist mit ihm.» Bald sprach die ganze Stadt davon.

Von überall kamen Menschen, um den heiligen Bettler zu sehen. Der plötzliche Ruhm war Alexius zuwider. Er kehrte nach Rom zurück.

Im Haus seines Vaters wollte er um eine Unterkunft bitten. Mitleidig gewährte Euphemius dem Fremden eine Bleibe, ein winziges Gemach unter einer Treppe. Ohne zu klagen ertrug Alexius die Quälereien und den Spott der Diener und Dienerinnen. Er war ja nur ein Bettler. So lebte er noch einmal siebzehn Jahre lang unter dem Dach seiner Eltern.

Als er ahnte, dass er bald sterben würde, bat er um Papier und Tinte und gab sich endlich in einem Brief zu erkennen. Zur gleichen Stunde ertönte nach der Messe in der Kirche eine Stimme vom Himmel und rief: «Sucht den Mann Gottes, auf dass er für euch bete.» Erschrocken fielen die Menschen auf die Knie. «Sucht im Haus des Euphemius», ertönte die Stimme zum zweiten Mal.

Als der Senator auf diese Worte hin sogleich nach Hause eilte, lag Alexius tot unter der Treppe. In seiner Hand hielt er den Brief. Sein Gesicht leuchtete wie das eines Engels. So erfuhren die Eltern und Alexius' Braut, wen sie, ohne ihn zu erkennen, jahrelang unter der Treppe beherbergt hatten.

Alexius' Leichnam wurde auf eine Bahre gelegt und in die Mitte der Stadt gebracht. Kranke, die ihn berührten, wurden gesund, Blinde sehend. Erst nach Tagen wurde der Leichnam in der Kirche des heiligen Bonifatius bestattet. Später wurde über seinem Sarg ein Grabmal errichtet aus Gold, Perlen und Edelsteinen.

Dargestellt wird Alexius mit Pilgerstab und Betteltasche, manchmal mit einem Löffel oder mit Treppe und Schriftrolle. Sein Todestag ist der 17. Juli des Jahres 398.

Diener des mächtigsten Herrn

Christophorus, 24. Juli

Sicher wissen wir von Christophorus nur, dass er aus Kleinasien stammte und um das Jahr 250 unter Kaiser Decius als Märtyrer gestorben ist. Bevor er sich zum Christentum bekehrte, soll er nicht Christophorus, sondern Offerus geheißen haben.

Christophorus war groß und stark wie ein Riese. Wer ihm begegnete, fürchtete sich nicht nur vor seiner Kraft, sondern auch vor seinem finsteren Gesicht. Er diente dem König von Kanaan als Soldat. Doch das war ihm bald nicht mehr genug: «Es gibt keinen Stärkeren als mich auf der Welt, also will ich auch nur den Mächtigsten als Herrn.»

So machte er sich auf den Weg und fand endlich einen Herrscher, von dem die Leute sagten, es gebe keinen größeren. Dieser Mann nahm Christophorus mit Freuden in seinen Dienst. Eines Tages aber hörte Christophorus, wie ein Gaukler dem König ein Lied vorsang. In dem Lied kam der Teufel vor. Da schlug der König das Zeichen des Kreuzes. «Was machst du da?», fragte Christophorus. Der König wollte es ihm nicht verraten. Doch Christophorus gab keine Ruhe, bis der König sagte: «Mit diesem Zeichen schütze ich mich vor dem Teufel.»

«Also ist der Teufel mächtiger als du», sagte Christophorus, «dann ist er es, dem ich dienen will«.

Wieder machte er sich auf den Weg. Bald begegnete er einer Horde wilder Soldaten. «Wohin des Weges?», fragte ihn der Anführer. «Ich suche den Teufel», antwortete Christophorus. «Ich bin der, den du suchst», lachte der Mann. «Einen wie dich kann ich brauchen.»

Nun zog Christophorus mit dem Teufel und seinen Gesellen durch die Welt und war überzeugt davon, dem mächtigsten Herrn zu dienen. Aber einmal kamen sie zu einem Wegkreuz. Entsetzt wandte der Teufel sein Gesicht zur Seite und ergriff die Flucht. «Wen fürchtest du?», fragte Christophorus verwundert. «Ich sehe niemanden.»

Der Teufel wollte keine Auskunft geben.

«Wenn du es mir nicht sagst, habe ich keine Lust mehr, dir weiter zu gehorchen», meinte Christophorus.

«Das Kreuz erfüllt mich mit Schrecken», gab der Teufel endlich zu. «Christus ist daran gestorben und nach drei Tagen wieder auferstanden.»
«Dann leb wohl», sagte Christophorus. «Auch du bist nicht der richtige Herr für mich.»
Nun irrte er kreuz und quer durch die Welt und war betrübt, weil er den mächtigsten Herrn immer noch nicht gefunden hatte. Nach langer Zeit kam er zu einem Einsiedler und erzählte ihm von seinem Kummer.
«Ich suche Christus und kann ihn nirgends finden», klagte er.
«Ich kenne ihn», sagte der Einsiedler, «aber es ist nicht einfach, ihm zu dienen.»
«Warum?», fragte Christophorus. «Es gibt keinen stärkeren Mann als mich auf der Welt.»
«Er verlangt Gehorsam und regelmäßiges Fasten», sagte der Einsiedler.
«Schau mich an», sagte Christophorus. «Ohne Essen kann ich es nicht aushalten.»
«Christus verlangt noch mehr», fuhr der Einsiedler fort. «Du musst auch zu ihm beten.»
«Ach», seufzte Christophorus, «ich kann auch nicht beten.»
Der Einsiedler betrachtete ihn voller Liebe und sagte: «Ich sehe ein, du kannst nicht fasten und nicht beten. Aber in der Nähe ist ein Fluss. Seine Strömung ist so stark, dass schon viele Menschen darin ertrunken sind. Christus wäre zufrieden, wenn du die Menschen hinüberführen würdest. Vielleicht wird auch er eines Tages unter ihnen sein.»
Da baute sich Christophorus am Ufer des Flusses eine Hütte und tat, was ihm der Einsiedler geraten hatte. Nach vielen Jahren, in denen Christophorus seine Aufgabe treu und ohne zu murren erfüllt hatte, rief ihn eines Tages die Stimme eines Kindes: «Christophorus, bring mich hinüber.» Christophorus trat vor seine Hütte, aber weit und breit war niemand zu sehen. Erst als die Stimme ihn zum dritten Mal rief, entdeckte er einen kleinen Knaben, der ihn bat, ihn über den Fluss zu tragen.
«Nichts leichter als das», lachte Christophorus, nahm seinen Stab und hob das Kind auf seine Schultern. Doch als er im Wasser stand, stieg es höher und höher, und das Kind wurde bei jedem Schritt schwerer und schwerer. Unter großer Gefahr erreichte er das andere Ufer und setzte das Kind auf die Erde. Erschöpft wischte er sich den Schweiß von der Stirn und meinte: «Es kam mir vor, als trüge ich die Last der ganzen Welt auf meinem Rücken.»
«Du hast nicht nur die ganze Welt getragen, sondern auch den, der sie erschaffen hat. Ich bin Christus, den du gesucht hast und dem du mit deiner Arbeit dienst.»
Christophorus schaute das Kind mit großen Augen an. «Ich will es dir beweisen», sprach der Knabe weiter. «Nimm deinen Stab und steck ihn neben deiner Hütte in die Erde.»

Bevor Christophorus etwas erwidern konnte, war das Kind verschwunden. Nachdenklich kehrte Christophorus ans andere Ufer zurück und tat, was ihm Christus gesagt hatte. Am anderen Morgen trug sein Stab Blätter und reife Datteln wie eine Palme.

Christophorus ist der Schutzpatron aller Reisenden, der Auto- und Kraftwagenfahrer. Auf Bildern sehen wir, wie er einen Fluss durchschreitet. In der Hand hält er einen Stab, und auf seinen Schultern trägt er das Christuskind.

Der Büchernarr

Dominikus, 8. August

Im Jahr 1170 wurde einem reichen Edelmann in Kastilien ein Sohn geboren, den er Domingo taufte. Domingo heißt auf lateinisch Dominikus und bedeutet «Mann Gottes». Dominikus war ein Zeitgenosse des Franz von Assisi. Und wie Franz gründete auch Dominik einen Orden.

Als seine Mutter Dominik unter dem Herzen trug, träumte sie eines Nachts von einem Hund, der eine Fackel zwischen seinen Zähnen hielt. Mit dieser Fackel entzündete er die ganze Welt. Erschrocken wachte sie auf und spürte, wie sich das Kind in ihrem Bauch heftig bewegte.

«Ob du ein Mädchen oder ein Knabe wirst, weiß ich nicht», sagte sie, «aber ich spüre, dass du ausersehen bist, eine besondere Aufgabe zu erfüllen.»

Bei der Geburt erblickte seine Patin auf der Stirn des Knaben einen Stern, und bei seiner Taufe sahen die Gäste einen hellen Glanz um das Haupt des Kindes schweben.

Kaum konnte sich Dominik bewegen, kletterte er aus seiner Wiege heraus und legte sich auf den Boden. Auch als er starb, ließ er sich nicht auf ein gepolstertes Lager, sondern auf die bloße Erde betten.

Mit vierzehn Jahren kam Dominikus in eine Klosterschule nach Palencia. Er fing an, Bücher zu sammeln, und von allen Dingen, die er besaß, waren sie ihm das liebste. In der Zeit brach in der Gegend eine Dürre aus. Viele Tiere und Menschen starben. Da ging Dominikus hinaus und verschenkte seine Habe den Armen. Nur seine kostbaren Bücher behielt er. Doch als die Not immer größer wurde, verkaufte er ein Buch nach dem anderen.

«Wie kannst du dich nur von deinen geliebten Büchern trennen?», tadelte ihn einer seiner Freunde.

«Das Herz ist mir schwer», antwortete Dominikus. «Aber wie kann ich mich an toten Büchern freuen, wenn lebendige Menschen verhungern müssen.» Aus dem Erlös der Bücher besorgte er Brot und verteilte es unter die Hungernden.

Dominikus starb im Jahr 1221 auf einer Predigtreise durch Norditalien. Auf einem Dorffriedhof in der Nähe Bolognas wurde er von seinen Brüdern begraben. Als seine Leiche später nach Bologna überführt werden sollte, fürchteten sich die Mönche, sein Grab zu öffnen. Sicher war Dominikus' Körper schon halb verwest und von Würmern zerfressen. Wie staunten sie, als der Grube ein Duft entströmte, als wäre sie ein Garten voller Rosen und Lilien.

Eine große Menschenmenge gab dem Leichnam das Geleit. Der Wohlgeruch begleitete die Prozession bis in die Stadt hinein. An Händen und Kleidern aber, die mit dem Toten in Berührung gekommen waren, blieb der wunderbare Duft für immer haften.

Dominikus wird in einem weißen Kleid, einem schwarzen Mantel und mit einem Buch dargestellt, oft auch mit einem Hund oder einem Rosenkranz. Er ist der Patron der Schneider und Schneiderinnen.

Rosen im Winter

Klara, 11. August

Klara war die Tochter einer Adelsfamilie aus Assisi. Als sie hörte, was sich die Leute über Franziskus, den Sohn des reichen Tuchhändlers, erzählten, wurde er ihr Vorbild. Nachdem sie eine seiner Predigten gehört hatte, war sie entschlossen, ihr Leben wie Franz der Keuschheit und Armut zu widmen. Der Vater hielt den Wunsch seiner Tochter für eine Laune und verbot ihr, das Elternhaus zu verlassen. Klara flüchtete und suchte bei Franziskus und seinen Brüdern Zuflucht.

Als ihr Vater sie am folgenden Morgen wieder nach Hause zurückholen wollte, zeigte sie sich ihm mit abgeschnittenen Haaren und in einem einfachen Kleid aus Sackleinwand. Er hatte die Macht über sein Kind verloren und musste sich ihrem Entschluss fügen.

Franziskus gründete für Klara den «Zweiten Orden der Armen Frauen von Assisi». Es sind die Klarissinnen oder Franziskanerinnen. Klara wurde die erste Äbtissin des neuen Ordens, dem später auch zwei ihrer Schwestern und ihre Mutter beitraten.

Einmal wanderten Franz und Klara zusammen von Spello nach Assisi. Weil sie hungrig und durstig waren, traten sie in ein Haus ein und baten um Brot und Wasser. Die Leute gaben es ihnen. Doch als sie die beiden erkannten, begannen sie zu tuscheln und versteckte Anspielungen zu machen. «Beinahe täglich sieht man euch zusammen. Nennt ihr das ein keusches Leben führen? Sagt, wie steht es damit?« Franz und Klara gaben keine Antwort. Sie standen auf und gingen davon. Es war kalt und die Erde mit Schnee bedeckt. Plötzlich sagte Franz: «Klara, hast du verstanden, was die Leute über uns denken?« Nur mit Mühe konnte Klara die Tränen zurückhalten.

«Wir müssen uns trennen», fuhr Franz fort. «Es ist besser, wenn du allein gehst. In einer Stunde wirst du in Assisi sein. Ich werde dir von Weitem folgen.» Klara gehorchte, ohne ein Wort zu sagen.

Der Weg führte durch einen Wald. Plötzlich hatte sie nicht mehr die Kraft, sich ohne Trost und ohne ein Abschiedswort von Franz zu trennen. Sie wartete, bis er sie eingeholt hatte.

«Franz, mein Bruder, wann werden wir uns wiedersehen?», fragte sie ihn verzagt.

«Wenn der Sommer kommt, wenn die Rosen blühen», lächelte Franz. Da geschah ein

Wunder: Ringsum auf den Zweigen der Wacholdersträuche und auf den von Reif bedeckten Hecken blühten unzählige Rosen. Nachdem Klara sich von ihrem Staunen erholt hatte, ging sie hin, brach einen Strauß und legte ihn Franz in die Hände. Dann lief sie weiter. Franz schaute ihr nach, bis sie hinter einer Wegbiegung verschwunden war.

Klara heißt «die Reine» oder «die Glänzende». Sie wird in einem braunen Wollgewand, mit einem Kopftuch und einer brennenden Lampe in der Hand dargestellt, manchmal auch als Äbtissin mit einem Buch, dem Kreuz und einer Monstranz. Sie ist die Schutzpatronin der Sticker und Stickerinnen, der Vergolder und Rahmenmacher, auch der Wäscherinnen. Im Jahr 1985 erklärte Papst Pius XII sie zur Schutzpatronin des Fernsehns.

Wer sein Leben hingibt

Maximilian Kolbe, 14. August

Maximilian Kolbe kam am 7. Januar 1894 zur Welt. Er war der Sohn eines Arbeiters aus Polen. Zusammen mit seinem älteren Bruder trat Maximilian mit siebzehn Jahren dem Franziskanerorden bei. Von 1912 bis 1919 studierte er in Rom und wurde Doktor der Philosophie und Theologie. In Rom wurde er auch zum Priester geweiht. Schon während seines Studiums war er von dem Wunsch erfüllt, Ungläubige und Zweifler von der christlichen Botschaft zu überzeugen. Er bildete einen Verein, den er «Militia Immaculata» nannte. Die Mitglieder betrachteten sich als Streiter für Jesus Christus. Für sie gründete Maximilian im Jahr 1922 in der Nähe von Warschau ein Kloster.

Maximilian Kolbe glaubte an die Macht des geschriebenen Wortes.

Auf Wunsch des Papstes Pius XI. reiste er zusammen mit vier Ordensbrüdern nach Japan. Auch dort hoffte er das Christentum vor allem mit Schriften und Büchern zu fördern.

1936 kehrte Kolbe nach Polen zurück. Als das Land drei Jahre später von den Deutschen besetzt wurde, trat er gegen den Nationalsozialismus auf. Er wurde gefangen genommen und kam in das Straflager Oranienburg. Nach kurzer Zeit wurde er wieder freigelassen, aber als er mutig weiterpredigte und sich für die Opfer des Krieges, für Flüchtlinge und Juden einsetzte, wurde er von Neuem verhaftet und in das Konzentrationslager Auschwitz verschleppt.

In Auschwitz hat Maximilian Kolbe bewiesen, dass alles, was er in seinen Schriften verkündete, nicht nur Worte waren. Was seine Mitgefangenen erzählten, ist keine Legende, bei der den Tatsachen oft zur eigenen Ermutigung das Wunderbare hinzugefügt wird, sondern eine Realität aus unserer Zeit.

Es war an einem Julitag im Jahr 1941. Schon am frühen Morgen brannte die Sonne auf die zum Appell erschienenen Gefangenen nieder. Am Tag zuvor hatte einer von ihnen zu fliehen versucht und war dabei erschossen worden.

Für den Kommandanten des Lagers, Fritsch, war der Fluchtversuch des Gefangenen eine Gelegenheit, einige weitere Häftlinge des überfüllten Lagers loszuwerden. Zur Strafe sollten zehn von ihnen in einen Raum ohne Nahrung, ohne Licht und ohne Luft gesperrt werden.

Unter den Verurteilten befand sich auch Franz Gajowniczek. Verzweifelt begann der Mann zu schreien, den Namen seiner Frau und seiner beiden Kinder zu rufen und um Gnade zu flehen. Der Lagerkommandant blieb ungerührt. Da trat Pater Maximilian aus der Reihe der Verschonten heraus und bat Fritsch, den Kommandanten, ihn an die Stelle Gajowniczeks zu setzen. Fritsch war mit dem Tausch einverstanden. Damit war für Kolbe das Todesurteil gesprochen.

In den folgenden Tagen hörten die Mithäftlinge aus dem «Hungerbunker», wie er genannt wurde, Singen und Beten. Kein Wort der Klage kam über Maximilians Lippen. Am 14. August 1941 gab der «Lagerhenker» von Auschwitz dem zum Skelett abgemagerten Priester eine tödliche Spritze.

Franz Gajowniczek aber überlebte und wurde Ende des Krieges aus dem Lager befreit. Heute noch ist es allen, denen die Gepflogenheiten des Lagers vertraut sind, ein Rätsel, aus welchen Gründen der für seine Erbarmungslosigkeit bekannte Lagerleiter Maximilians Wunsch erfüllte. Vielleicht gehört genau das zum Wunderbaren dieser realen Geschichte und ist nicht erklärbar. Sein Opfer gab vielen Häftlingen Mut und überzeugte sie von der Botschaft, für die Pater Maximilian gekämpft hatte.

Im Jahr 1983 wurde Pater Maximilian Kolbe durch Papst Johannes Paul II. heiliggesprochen. Während der Feier auf dem Petersplatz in Rom war auch Franz Gajowniczek mit seiner Familie zugegen.

Eine Kaiserin

Helena, 18. August

War sie eine Magd, die Tochter eines Gastwirtes oder eine englische Königstochter? Wir wissen es nicht. Geboren ist Helena im Jahr 255 in Bithynien in der heutigen Türkei. Helena war schön und klug. Ein junger Offizier, Constantius Chlorus, verliebte sich in sie. Er kümmerte sich nicht um Standesunterschiede und bat sie, ihn zu heiraten. Helena gebar ihm einen Sohn, den sie Konstantin nannten.

Constantius Chlorus war ein großer Feldherr. Als Unterkaiser regierte er von Trier aus über Gallien und über Britannien. Maximianus, der Herrscher über den Westteil des römischen Weltreiches, versprach ihm, ihn zu seinem Nachfolger zu machen.
Als Gegenleistung sollte er Maximians Stieftochter heiraten. Der ehrgeizige Constantius ließ sich von Helena scheiden.
Ohne über ihr Schicksal zu klagen, zog sich Helena von der Welt zurück. Mehr und mehr interessierte sie sich für den Glauben der Christen. Ihr Sohn Konstantin, der seine Mutter über alles liebte, teilte ihren Wunsch, sich mit Jesus Christus und seiner Botschaft bekannt zu machen.
Als Konstantin nach dem Tod seines Vaters Kaiser wurde, holte er seine Mutter an den Hof zurück. Er erwies ihr alle Ehren und machte sie zur Kaiserin. Im Jahr 313 ließ sich Helena taufen. Schon ein Jahr zuvor hatte Konstantin in seinem ganzen Reich das Christentum als Religion anerkannt. Mit Hilfe ihres Sohnes ließ Helena Kirchen bauen, auch in Köln, Bonn und Xanten. Eine Stadt, die Helena besonders liebte, war Trier. Die heutige Domkirche soll ihr Palast gewesen sein.
Bald achtzig Jahre alt, erfüllte sie sich den Wunsch, nach Palästina zu pilgern, um am Grab Jesu zu beten. Vor allem aber hoffte sie, das verschwundene Kreuz zu finden, an dem Jesus gestorben war. Über der Richtstätte auf Golgota hatte Kaiser Hadrian einen Venustempel erbauen lassen. Die Kaiserin ließ ihn abtragen. Unter den Grundmauern, in der Erde vergraben, kamen drei Kreuze zum Vorschein. Doch welches war das richtige?
Da erinnerte sich Makarius, der Bischof von Jerusalem, an eine weise Frau. Ihr wurde nachgesagt, sie vermöge Dinge zu sehen und zu spüren, die mit dem Verstand nicht zu

begreifen sind. Die Frau war schwer krank und dem Tode nah. In Gegenwart der Kaiserin, des Bischofs und vieler Neugieriger bat man sie, die Kreuze zu berühren. Als sie mit ihrer Hand über das Holz des dritten fuhr, wurde sie im selben Augenblick gesund. Helena zweifelte nicht daran, dass dies das richtige Kreuz war. An der Ausgrabungsstelle fanden sich auch drei rostige Nägel. Als Helena sie in die Hand nahm, begannen sie zu glänzen, als wären sie aus Gold. Einen davon sandte Helena ihrem Sohn nach Konstantinopel mit der Bitte, ihn am Zaumzeug seines Pferdes zu befestigen: «Er soll dich für immer daran erinnern, in Zukunft keine Kriege mehr zu führen und, wo immer es möglich ist, Frieden zu stiften.»
Helena starb am 18. August 330.

Dargestellt wird Helena als Kaiserin. Sie stützt sich auf ein Kreuz oder trägt es mit sich. Verehrt wird sie als Patronin der Bistümer Trier, Bamberg und Basel.

Der Abt von Clairvaux

Bernhard von Clairvaux, 20. August

Bernhard wurde 1091 als Sohn eines Ritters im Burgund geboren. Er ist der Erbauer des Klosters von Clairvaux. Bernhard liebte die Einsamkeit und lehnte alle weltlichen Ehren ab. Zugleich aber fühlte er sich berufen, die Streitigkeiten innerhalb der Kirche zu schlichten und am politischen Leben teilzunehmen. Dieser Widerspruch machte ihm oft zu schaffen. Bernhard war ein großer Redner. Die Worte aus seinem Munde wurden von seinen Zuhörern wie Honig empfunden, was ihm den Beinamen «Doctor mellifluus» eintrug, «honigfließender Lehrer». Mit seinen Predigten brachte er König und Fürsten dazu, an den Kreuzzügen teilzunehmen. Das Unternehmen, das Heilige Land zu erobern, misslang. Das machte in den letzten Jahren seines Lebens viele zu seinen Feinden.

Bernhard wusste lange nicht, wozu er sich berufen fühlte. Im Jahr 1111 entschloss er sich, seine Studien auf einer Universität fortzusetzen, um dem König zu dienen. Auf dem Weg in die Universitätsstadt trat er in eine Kapelle ein. Während er betete, überfiel ihn die Erinnerung an seine fromme Mutter. Er gab seine Pläne auf und trat mit dreißig anderen jungen Männern, darunter auch vier seiner Brüder, in das erste Zisterzienserkloster ein. Als es immer mehr wurden, die sich zu dem neuen Orden hingezogen fühlten, wurde Bernhard beauftragt, ein neues Kloster zu gründen. Mit zwölf andern Mönchen fand er zwischen Chaumont und Troyes ein Tal, das ihm für den Bau geeignet schien. Hier entstand das Kloster von Clairvaux, von dem Bernhard auch seinen Zunamen bekam.

Bernhard war ein strenger Abt. Doch was er von anderen forderte, verlangte er auch von sich selbst. Die Zellen blieben ungeheizt. Die Kirche war ohne Schmuck. Nahrung mussten sich die Mönche durch Arbeit auf den Feldern selbst verdienen. An den Festtagen wurde nicht geprasst, sondern gefastet. Als Prediger und Ratgeber von Königen und Kirchenfürsten war Bernhard oft unterwegs. Aber auch wenn er auf Reisen ging, war er darauf bedacht, seine Andachten zu halten und sich durch nichts Weltliches verführen zu lassen.

Einmal wanderte er den ganzen Tag lang am Ufer des Genfer Sees entlang. Als seine Brüder sich am Abend über den See unterhielten, fragte Bernhard erstaunt, wo denn der See sei, dessen Schönheit sie priesen.

Ein andermal ritt Bernhard über Land und begegnete einem Bauern. Er klagte dem einfachen Mann, wie schwer es ihm oft falle, sich beim Gebet nur auf Gott zu konzentrieren und sich von keinen anderen Gedanken ablenken zu lassen. Der Bauer wunderte sich über den Gottesmann und meinte: «Nein, das fällt mir gar nicht schwer.»
«Lass uns eine Probe machen», sagte Bernhard. «Geh ein wenig abseits und sprich ein Vaterunser. Wenn es stimmt, was du sagst, will ich dir mein Pferd zum Geschenk machen. Aber du musst versprechen, mir die Wahrheit zu sagen.»
Der Bauer lachte verstohlen über den einfältigen Mönch, der für eine so einfache Sache sein Pferd aufs Spiel setzte. Er stellte sich abseits und begann zu beten. Aber mitten im Gebet fragte er sich plötzlich, ob Bernhard ihm mit dem Pferd wohl auch den Sattel geben würde. Und weil er ein ehrlicher Mann war, ging er zu Bernhard zurück und bekannte sein Versagen.
Bernhard starb an einer Magenkrankheit am 20. August 1153. Er wurde zwanzig Jahre nach seinem Tod heiliggesprochen, und 1820 ernannte ihn der Papst zum Kirchenlehrer. Viele seiner Schriften und Predigten sind erhalten geblieben.

Bernhard wird in der weißen Tracht der Zisterzienser dargestellt. Als Attribute sind ihm eine Mitra und ein Bienenkorb beigegeben. Er ist der Schutzheilige der Kerzenzieher und der Bienenzüchter.

Ägidius und die Hirschkuh

Ägidius, 1. September

Ägidius war der Sohn einer vornehmen Familie aus Athen und lebte im frühen 8. Jahrhundert. Auf seiner langen Wanderung, auf der Suche nach Einsamkeit und innerem Frieden kam Ägidius ins Rhonetal. Geschützt von Unterholz und Dornengestrüpp, fand er in der Nähe von Arles eine trockene Höhle.

«Das ist der Ort, wo ich bleiben möchte», sagte er zu seinem Reisegefährten Veredemius. Sie trennten sich. Ägidius verbrachte die Tage im Gebet, ernährte sich von Kräutern und Beeren, und außer den Tieren des Waldes kannte niemand sein Versteck.

Eine Hirschkuh kam jeden Morgen und jeden Abend, um von dem kühlen Wasser zu trinken, das neben seiner Höhle aus der Erde sprudelte. Mit der Zeit wurde sie so zahm, dass der Einsiedler sie melken konnte, ohne dass sie sich rührte.

Eines Tages streiften die Jäger des Königs durch den Wald. Als sie den Hirsch erblickten, vergaßen sie alles andere Wild. Mit ihren Hunden hetzten sie das Tier durch den Wald, bis es vor Erschöpfung beinahe zusammenbrach.

Da erinnerte es sich in seiner Not des Einsiedlers. Mit letzter Kraft flüchtete es vor den Eingang seiner Höhle. Ägidius, in Gedanken versunken, hörte plötzlich ein Klagen und trat vor die Höhle. Da stand die Hirschkuh und versuchte, sich zitternd an ihn zu schmiegen. Ägidius beruhigte und streichelte sie. Als er nun auch das Bellen der Hunde und die Hörner der Jäger hörte, wusste er sogleich, was geschehen war.

«Lieber Gott, bewahre mir meine Ernährerin», betete er. Da blieben die Hunde stehen, wie durch einen Zauber gebannt.

Nach einer Weile trotteten sie mit eingezogenem Schwanz davon. Enttäuscht kehrten die Jäger in der Dunkelheit nach Hause zurück. Doch die schöne Hirschkuh ging den Männern nicht aus dem Sinn. Schon am folgenden Tag kamen sie wieder, aber es erging ihnen wie zuvor. Nun erzählten sie dem König, was sie erlebt hatten. «Etwas geht nicht mit rechten Dingen zu», sagten sie. Da versprach der König, sie am dritten Tag zu begleiten. Als nun auch diesmal die Hirschkuh plötzlich in einem Dornengestrüpp verschwand und die Hunde mit gesträubten Haaren stehen blieben, befahl der König, das Dickicht zu umstellen. Um die Hirschkuh aus ihrem Versteck herauszulocken, schoss er einen Pfeil ins Gestrüpp.

Da hörte er plötzlich ein Stöhnen. Aber das waren nicht die Laute eines Tieres, sondern das war die Stimme eines Menschen. Sein Pfeil hatte nicht den Hirsch, sondern Ägidius getroffen. Nun war es für die Männer leicht, die Höhle zu finden. Als sie den Einsiedler vor sich liegen sahen, blieben sie erschrocken stehen.

Neben dem Verwundeten stand die Hirschkuh und machte nicht die geringsten Anstalten, vor den Jägern zu fliehen.

«Rührt euch nicht», befahl der König seinem Gefolge.
«Wer bist du?», fragte er Ägidius.
«Ich komme aus Athen», sagte Ägidius. «Hier in dieser Höhle habe ich Frieden gefunden und Zeit, über den Sinn des Lebens nachzudenken.»
«Verzeih mir, dass ich dich mit meinem Pfeil verletzt habe», sagte der König. «Ich werde dir meinen Arzt schicken.»
«Ich brauche keinen Arzt», sagte Agidius. «Wenn es der Wille Gottes ist, werde ich von selbst wieder gesund.»
«So nimm wenigstens diesen Ring und die goldene Kette dazu», sagte der König.
«Was soll ich mit einem Ring und einer Kette», lächelte der Einsiedler. «Dich trifft keine Schuld, doch tue etwas zur Ehre Gottes.»
Nachdem der König die noch immer blutende Wunde des Ägidius verbunden und ihn mit Nahrung aus seiner Tasche versorgt hatte, ritt er mit seinen Leuten nachdenklich nach Hause zurück.
Bald darauf ließ er in der Nähe der Höhle ein Kloster bauen, und Ägidius wurde dessen erster Abt. Obwohl er sich von seiner Verwundung durch den Pfeil des Königs nie mehr ganz erholte, beklagte er sich nicht, sondern sagte zu seinen ersten Brüdern: «Sorgt euch nicht. Ich bin dankbar, dass ich nie mehr ganz gesund werde. Meine Schwachheit macht mich stark im Glauben an Gott.»
Als Ägidius am 1. September 720 friedlich starb, sagten einige seiner Brüder, sie hätten die Engel, die seine Seele in den Himmel trugen, singen gehört.

Der Name Ägidius kommt aus dem Griechischen und heißt «Schildträger». Dargestellt wird er als Benediktinermönch oder Einsiedler, ein Bein oder die Brust von einem Pfeil durchbohrt. Zu seinen Füßen liegt eine Hirschkuh. Ägidius ist der Patron der Hirten und Jäger. Auch stillende Mütter bitten den Heiligen um Milch für ihr Kind.

Sankt Mang / Magnus

6. September

Magnus hieß eigentlich Maginold. Er lebte im 8. Jahrhundert als Mönch im Kloster St. Gallen. Auf Wunsch des Bischofs von Augsburg zog er mit den beiden Glaubensboten Tozzo und Theodor ins Allgäu, um die dortige Bevölkerung zum Christentum zu bekehren.

Als Magnus mit Tozzo und Theodor im Allgäu das Evangelium predigte, befreite er die Gegend auch von Schlangen und anderen wilden Tieren. Sogar einen gefährlichen Drachen bezwang er. Die Männer trugen ein wunderbares Licht mit sich. In der Dunkelheit entzündete es sich von selbst. Es erlosch weder im Regen noch im Sturm und wurde auch nicht kleiner.

Das Allgäu war eine arme Gegend, und in schlechten Erntejahren mussten viele Leute Hunger leiden. Auch Magnus und seine Gefährten wussten oft nicht, wo sie Nahrung für den nächsten Tag finden würden.

Einmal im Herbst, als sie wieder den ganzen Tag nichts gegessen hatten, entdeckten sie endlich einen Apfelbaum. Aber unter dem Baum saß ein riesiger Bär, der sich an den Früchten gütlich tat, die auf der Erde lagen. Als Theodor und Tozzo das riesige Tier erblickten, wollten sie davonlaufen, aber Magnus trat ohne Angst hinzu und sagte: «Mein lieber Bär, ich wäre dir dankbar, wenn du die guten Äpfel den Menschen überlassen würdest. Dein Magen verträgt auch die unreifen Früchte.»

Der Bär ließ ein unwilliges Murren ertönen und zeigte Magnus seine Pranken. Magnus wollte mit seinen Gefährten weiterziehen. Doch als er sich noch einmal nach dem Bären umdrehte, sah er plötzlich, wie das Tier um die guten Äpfel einen Bogen machte und sich mit den schlechten begnügte. Er hatte Magnus' Worte verstanden.

Ein andermal saß Magnus vor seiner Zelle und machte sich Gedanken darüber, was er unternehmen könnte, um die Armut der Allgäuer zu lindern. Da stand plötzlich ein Bär vor ihm und deutete mit seinem Kopf, ihm zu folgen. Der Bär führte Magnus auf den nahen Säulingsberg und blieb vor einer Tanne stehen.

«Und nun?», sagte Magnus. «Ich sehe nichts Besonderes.» Da begann der Bär ein Loch zu scharren und die Wurzeln des Baumes freizulegen, bis er krachend zu Boden stürzte.

Staunend sah Magnus, dass die Steine, die zum Vorschein kamen, im Licht glänzten. Er hatte mithilfe des Bären eine Eisenader entdeckt, die den Menschen in der Gegend jahrhundertelang Arbeit und Brot sicherte. Er dankte dem Bären und sorgte dafür, dass ihm von niemandem ein Leid zugefügt wurde.
Magnus brachte den Bauern aber nicht nur den neuen Glauben, sondern unterwies sie auch in der Bearbeitung des Bodens und half ihnen, Sümpfe auszutrocknen und Äcker und Wiesen anzulegen. In Füssen baute er eine Kirche und für sich eine Zelle dazu. Magnus starb am 6. September 756 in Füssen.
Aus dem von Magnus und seinen Gefährten gebauten Gotteshaus entstand hundert Jahre nach seinem Tod ein Benediktinerkloster.
Im Allgäu, in Österreich und in der Schweiz wird er vom Volk St. Mang genannt.

Dargestellt wird Magnus als Abt mit einem Drachen zu seinen Füßen, oft auch mit einem Bären oder anderen wilden Tieren. Der heilige Magnus ist der Patron von Augsburg, Füssen und Kempten.

Hieronymus und der Löwe

Hieronymus, 30. September

Hieronymus wurde in der Mitte des 4. Jahrhunderts in Dalmatien geboren. Er war als Kind ein leidenschaftlicher Leser. Das Lernen fiel ihm leicht. Seine Eltern, wohlhabende römische Christen, schickten ihn zur Ausbildung nach Rom. Hieronymus studierte Philosophie, Grammatik und Rhetorik. Aber während eines Aufenthaltes in Trier beschloss er, sein Leben der Theologie zu widmen.

In der Syrischen Wüste lebte damals eine Gruppe von Mönchen, die im Rufe standen, vollkommen zu sein. Nach seinem Studium versuchte Hieronymus, das asketische Leben mit ihnen zu teilen. Aber es fiel ihm schwer, in der Einöde zu leben und nur zu fasten und zu beten. Er ließ sich Bücher kommen, schrieb Geschichten und lernte Hebräisch.

Als Hieronymus mit den Eremiten in der Wüste lebte und die Mönche eben dabei waren, in der Bibel zu lesen, stand ein Löwe vor dem Klostertor. Die Mönche liefen entsetzt davon. Hieronymus aber ging auf den Löwen zu und begrüßte ihn wie einen Gast. Der Löwe hinkte. Er hatte sich einen scharfen Dorn in den Fuß getreten. Bittend streckte er Hieronymus die verletzte Pranke entgegen.

«Kommt», rief Hieronymus den Brüdern zu. «Ihr braucht euch nicht zu fürchten.» Sie wuschen dem Tier die blutende Wunde aus und pflegten es, bis es wieder gesund war. «Nun lauf», sagte Hieronymus. Doch der Löwe blieb im Kloster und lebte mit den Mönchen zusammen wie ein braves Haustier.

Ach, dachte Hieronymus, der liebe Gott hat ihn uns geschickt, also darf er uns auch nützlich sein. Die Mönche hatten einen Esel, der ihnen das Brennholz nach Hause trug. «Beschütze uns den Esel, während wir Holz zusammenlesen», sagte Hieronymus zu dem Löwen. Der Löwe schien mit seiner Aufgabe zufrieden und hütete den Esel wie ein guter Hirte.

Doch einmal schlief er über seiner Arbeit ein. Da kamen Kaufleute mit ihren Kamelen des Weges. Sie sahen den unbewachten Esel und ließen ihn mit sich laufen. Als der Löwe wieder erwachte, war der Esel verschwunden. Er lief hin und her, ohne den Esel zu finden. Verspätet und mit einem schlechten Gewissen kehrte er endlich ins Kloster zurück. Mit zerknirschter Miene stand er vor den Brüdern, die dachten, er habe den Esel gefressen.

Zur Strafe ließen sie ihn hungern, und Hieronymus sagte: «Nun sollst du die Last des Esels tragen.» Ohne zu murren, nahm der Löwe die Arbeit auf sich. Dabei vergaß er nie, heimlich nach dem Esel Ausschau zu halten.

Da kam eines Tages eine Kamelkarawane des Wegs, und an ihrer Spitze trottete ein Esel. Es war sein Esel. Der Löwe stürzte auf die Kameltreiber und Kaufleute zu und hörte nicht auf zu brüllen, bis sie alles stehen ließen und flüchteten. Dann trieb er den Esel und die schwer beladenen Kamele fröhlich in den Klosterhof.

Die Brüder staunten. Der Löwe lief von einem zum anderen und legte sich jedem einen Augenblick lang vor die Füße. Sie sahen ihr Unrecht ein und versprachen, ihm eine besonders gute Mahlzeit vorzusetzen.

Da kamen auch die Kaufleute vor das Klostertor und forderten ihr Eigentum zurück. «Und was ist mit dem Esel?», fragte Hieronymus schmunzelnd. Sie mussten gestehen, dass sie ihn gestohlen hatten. Sie baten die Mönche um Verzeihung, und zur Sühne schenkten sie ihnen die Hälfte ihrer kostbaren Ware.

Hieronymus ist einer der vier großen lateinischen Kirchenväter. Nach seinem Tod wurden seine Gebeine nach Rom überführt. Sie ruhen in der Kirche Santa Maria Maggiore.

Hieronymus wird meistens als Eremit in Gesellschaft eines Löwen dargestellt. Er gilt als Schutzpatron der Schüler und Studenten, der Theologen und Lehrer.

Der Wolf von Gubbio

Franziskus, 4. Oktober

Franziskus war der Sohn eines reichen Tuchhändlers aus Assisi. Geboren wurde er im Jahr 1182. In seiner Jugend liebte er es, Feste zu feiern und schöne Kleider zu tragen. Aber bald spürte er, dass das für ihn nicht der Sinn des Lebens sein konnte. Zum Kummer seiner Eltern verzichtete er auf materiellen Besitz und gründete den Orden der Armut. Keiner seiner Mitbrüder durfte etwas besitzen. Sie mussten von der Arbeit ihrer Hände und von Almosen leben. Ihr Vorbild war Jesus.
Besonders zugetan war Franziskus den Pflanzen und Tieren. Er nannte sie «Brüder» und «Schwestern». In ihnen erkannte er die Gegenwart Gottes.

Auch Franz hatte von dem Wolf gehört, der die Bürger von Gubbio in Angst und Schrecken versetzte. Der Wolf hatte nicht nur Ziegen und Schafe verschlungen, sondern auch Hirten angegriffen. Die mutigsten Männer machten sich auf, um ihn zu töten. Aber es gelang ihnen nicht.
«Ich werde dem Wolf entgegentreten», sagte Franz. Seine Freunde warnten ihn. «Hüte dich. Der Wolf wird dich jämmerlich zerreißen.» «Ich fürchte mich nicht», sagte Franz.
Als der Wolf Franz entdeckte, stürzte er mit offenem Rachen auf ihn zu. Franz machte das Zeichen des Kreuzes. Wie von einer unsichtbaren Macht gebannt, blieb der Wolf stehen.
«Bruder Wolf», rief Franz. «Komm zu mir.» Wie ein Lamm trottete der Wolf heran und legte sich Franz zu Füßen. «Bruder Wolf», sprach Franz, «du hast viel Unheil angerichtet. Du hast nicht nur Tiere getötet, die du zu deiner Nahrung brauchtest. Wie ein Räuber hast du auch Menschen angegriffen. Du hättest den Tod verdient. Aber ich will zwischen dir und den Menschen Frieden schaffen. Versprichst du mir, in Zukunft keinem mehr ein Leid anzutun?« Der Wolf nickte mit dem Kopf.
«Dafür darf dich niemand weiter verfolgen», fuhr Franz fort. Der Wolf bewegte die Ohren und wedelte mit dem Schwanz. «Du hast viel Schlimmes getan, weil dich der Hunger dazu getrieben hat. Von nun an werden dir die Leute geben, was du brauchst.» Wieder nickte der Wolf mit dem Kopf. «Du hast mich verstanden», lächelte Franz. «Gibst du mir ein Pfand darauf?« Da hob der Wolf die rechte Pfote und legte sie zutraulich in Franz' ausgestreckte Hand.

Die Einwohner von Gubbio standen auf der Stadtmauer und auf den Hausdächern. Atemlos schauten sie zu, konnten aber nicht verstehen, was Franz mit dem Tier redete. Doch als sie sahen, wie Franz in die Stadt zurückkehrte und der Wolf ihm wie ein zahmer Hund folgte, liefen sie auf den Marktplatz, um die beiden mit Jubel zu empfangen. Franz hielt ihnen eine Predigt über den Wolf im eigenen Herzen und ermahnte sie, ihn zu bekämpfen. «Dieser Wolf hier hat mir versprochen, sich mit euch zu versöhnen. Wollt auch ihr mir versprechen, ihm kein Leid anzutun und für ihn zu sorgen?«
«Ja, das wollen wir», riefen alle. Ein kleines Kind aber riss sich von der Hand seiner Mutter los und begann, mit dem Wolf zu spielen wie mit einem Kameraden.
Über keinen andern Heiligen wurden nach seinem Tod so viele Bücher geschrieben und Legenden erzählt wie über Franziskus. Auch Franziskus selbst war ein Dichter, obwohl er kaum lesen und schreiben konnte. Während einer schweren Krankheit, am Ende seines Lebens, dichtete er den «Sonnengesang». Darin dankte er Gott noch einmal für alles, was ihm das Leben geschenkt hatte. Franziskus starb am 3. Oktober 1226. Unzählige Städte, Dörfer und Kirchen haben ihn zu ihrem Schutzpatron gewählt.

Auf den Bildern trägt er die braune Kutte der Franziskaner. Franziskus ist der Patron der Flachshändler, der Kaufleute, der Schneider und Tapezierer, vor allem aber ein Bruder der Armen.

Engel der Armen

Mutter Teresa

Teresas Namenstag ist der 15. Oktober. Die Kirche gedenkt an diesem Tag der heiligen Teresa von Avila. Teresa von Avila lebte von 1515 bis 1582. Sie war eine große Mystikerin, und bedeutende Schriften sind uns von ihr erhalten. Für Mutter Teresa blieb sie ein Vorbild. Ihre eigene Berufung war jedoch eine andere.

Mutter Teresa wurde am 27. August 1910 in Skopje geboren, heute Hauptstadt von Mazedonien. Ihr Vater war Architekt. Sie hatte eine Schwester und einen älteren Bruder. Die angesehene Familie gehörte zur christlichen Minderheit, doch Minarette und Kirchen standen friedlich nebeneinander. Mutter Teresa hieß ursprünglich Agnes Gonxha Bojaxhiu. Was von der heiligen Teresa von Avila erzählt wird, trifft auch auf die kleine Agnes zu. Sie war fröhlich, zu Streichen aufgelegt und, wie ihr Bruder Lazar sie beschreibt, «ziemlich frech, immer selbstsicher, pfiffig, niemals wortkarg und ohne Menschenfurcht». Agnes war musikalisch, sie spielte Akkordeon und Mandoline und besaß eine schöne Stimme. Sie kümmerte sich um junge Menschen in der Kirche und hatte früh keinen sehnlicheren Wunsch, als Missionarin zu werden.
Als Agnes neun Jahre alt war, starb der Vater.
Die Trennung von ihrer Mutter und den zwei Geschwistern fiel ihr schwer, als sie mit achtzehn Jahren Abschied nahm, um ins Kloster einzutreten. «Wie kannst du Nonne werden und dich für immer lebendig begraben?», spottete ihr Bruder. Doch Agnes zweifelte nicht. Sie wollte ihr Leben Jesus weihen. Am 29. November 1928 trat sie in der Nähe von Dublin in das Mutterhaus der Loreto-Schwestern ein. Es war ein Orden, der sich vor allem um die Erziehung von Kindern kümmerte. Noch als Novizin wurde Agnes nach Darjeeling (Indien) geschickt und dort zur Lehrerin ausgebildet.
Am 24. Mai 1937 legte sie die ewigen Gelübde ab und erhielt den Namen «Mutter Teresa». (Bei allen Loreto-Schwestern wurde «Mutter» dem Namen vorangestellt. Dieser Zusatz war also keine Ausnahme und ist nicht erst später dazugekommen.)
Als Lehrerin kam Mutter Teresa in die riesige Stadt Kalkutta, um an einem Institut für Töchter angesehener Familien zu unterrichten. «Unterrichten war meine Lieblingsbe-

schäftigung», bekannte sie später. Doch das sollte nicht zur Aufgabe ihres Lebens werden. In Kalkutta begegnete sie zum ersten Mal einer grenzenlosen Armut. Sie sah Menschen, die nichts besaßen als das nackte Leben, sah verlassene Kinder, Kranke und Sterbende, und da war niemand, der sich um sie kümmerte. Am 10. März 1946 kam es in der Eisenbahn von Kalkutta nach Darjeeling wie eine Erleuchtung über sie. «Warum soll nicht ich diesen Ärmsten zu helfen versuchen?» «Es war eine zweite Berufung», sagte sie.

Sie begann, sich als Krankenpflegerin auszubilden. In einem weißen, mit blauen Streifen verzierten Kleid sah man sie nun täglich durch die Slums und Elendsviertel eilen, beladen mit Nahrungsmitteln und Medikamenten. Der Engel der Armen, der Engel von Kalkutta war geboren. Mutter Teresas Gedanken gingen um die Welt: «Teile, was du empfangen hast, mit demütigem Herzen. Geh zu den Armen mit großer Zärtlichkeit. Diene ihnen mit zarter, mitfühlender Liebe. Sag ja zum Frieden mit deiner Zunge. Halte lieber den Mund, als ein Wort zu sagen, das jemanden verletzen wird. Gib dich selbst hin ohne Vorbehalte. Verschenke dich, großmütig und bedingungslos.»

Von ihrer Arbeit erzählt sie: «Eines Tages kam in Kalkutta ein Mann mit einem Arzneirezept zu uns. Er sagte: ‹Mein einziges Kind liegt im Sterben. Die Medizin, die es braucht, gibt es in Indien nicht, man muss sie aus dem Ausland einführen.› Genau in diesem Augenblick – wir sprachen noch miteinander – kam ein Mann mit einem Korb voller Medikamente. Obenauf lag das gesuchte Medikament. Hätte es darunter gelegen, hätte ich es nicht gesehen. Wäre er vorher gekommen oder nachher, hätte ich es nicht sehen können. Aber genau zu dieser Zeit hat Gott sich in seiner zärtlichen Liebe unter Millionen und Abermillionen von Kindern so sehr um dieses kleine Kind in den Slums von Kalkutta gekümmert, dass er im richtigen Moment die Medizin schickte, um es zu retten. Ich preise die Zärtlichkeit und Liebe Gottes; denn jedes Kind, ob aus einer armen oder reichen Familie, ist ein Kind Gottes, geschaffen vom Schöpfer aller Dinge.»

Mutter Teresa gründete im Jahr 1950 eine eigene Gemeinschaft. Immer mehr Menschen, Frauen und auch Männer, schlossen sich ihr an.

Heute sind bald 5000 Schwestern und Brüder in 125 Ländern tätig, im Dienste der Ärmsten unter den Armen auf der ganzen Welt. Mutter Teresa wurde mit den höchsten Ehren ausgezeichnet. Demütig und bescheiden nahm sie die Anerkennungen entgegen. «Diese Preise sind nicht für mich, sondern für meine Leute», sagte sie. Mutter Teresa starb am 5. September 1997. Zwei Tage darauf erinnerte Papst Johannes Paul II. an sie mit den Worten: «Ich hatte häufig die Gelegenheit, sie zu treffen, und in meiner Erinnerung ist ihre kleine, von einem Leben im Dienst an den Ärmsten unter den Armen gebeugte Gestalt lebendig, die von einer unerschöpflichen inneren Kraft erfüllt war: der Kraft der Liebe Christi.» Und selbst schon vom Tode gezeichnet, war es Johannes Paul II. ein wichtiges Anliegen, Mutter Teresa noch zu seinen Lebzeiten – am 19. Oktober 2003 – seligzusprechen.

Der gezähmte Bär

Gallus, 16. Oktober

Gallus war einer der zwölf Gefährten Kolumbans, eines Königssohns und Dichters aus Irland. Zusammen kamen sie Ende des 6. Jahrhunderts an den Bodensee, um den Alemannen das Evangelium zu verkünden. Nach einigen Monaten beschloss Kolumban, mit seinen Männern über die Alpen in den Süden zu ziehen.

Mit dem gleichen Eifer, mit dem Gallus den Bauern von Jesus erzählte, verstand er es auch, zu jagen und zu fischen. «Lass mich hier bleiben», bat er Kolumban. Die Gegend mit den klaren Bächen und dem großen See gefiel ihm. «Du fürchtest die Mühe der Pilgerfahrt», sagte Kolumban. «Nein, aber das Heimweh nach diesem Land wird mich krank machen», entgegnete Gallus. Kolumban hielt den Wunsch seines Lieblingsgefährten für Schwäche. Er versuchte ihn zu überreden, doch es war vergeblich. Mit harten Worten trennten sie sich voneinander. Kolumban zog über die Alpen in den Süden. Gallus fand Zuflucht in Arbon. Willimar, ein einheimischer Priester, nahm ihn mit Freuden auf.

Nach den vielen Jahren des Umherwanderns sehnte sich Gallus nach Ruhe. Mit Hiltibold, einem Diakon Willimars, machte er sich auf die Suche nach einem einsamen Ort. Eines Abends schlugen sie an der Steinach ihr Lager auf. Der kleine Fluss war voll von Fischen. Gallus warf das mitgebrachte Netz ins Wasser, und Hiltibold machte Feuer. Nachher hielt Gallus seine Andacht. Da blieb er mit einem Fuß an einem Dornbusch hängen und fiel zu Boden. «Hier will ich in Ewigkeit bleiben», sagte Gallus. Aus Haselruten band er ein Kreuz und steckte es in die Erde.

In der Nacht erwachte Hiltibold und sah, wie Gallus vor dem Kreuz kniete und betete. Im gleichen Augenblick kam ein Bär aus dem Wald und fing an, in der Glut herumzustochern und die Reste ihres Mahles zu verzehren. Gallus lief nicht davon, sondern sagte ruhig: «Im Namen Jesu Christi, hole Holz und wirf es ins Feuer.» Staunend beobachtete Hiltibold, wie der Bär gehorchte, einen schweren Klotz brachte und ihn ins Feuer warf. Zum Lohn gab ihm Gallus ein Stück Brot und sagte: «Lass mich in diesem Tal in Frieden. Die Berge wollen wir miteinander teilen, aber ich bitte dich, weder einem Menschen noch einem Tier etwas Böses anzutun.» Der Bär nickte und trollte sich. Hiltibold trat aus sei-

nem Versteck hervor, warf sich Gallus zu Füßen und sprach: «Dir gehorchen sogar die wilden Tiere. Nun weiß ich, dass Gott mit dir ist.»
An diesem Ort errichtete Gallus seine Zelle. Zusammen mit seinen Schülern bebaute er das Land und machte es fruchtbar.
Gallus starb im Jahr 645 in Arbon am Bodensee. Vor seinem Tod soll Kolumban seinem ehemaligen Schüler und Gefährten zum Zeichen der Versöhnung seinen Wanderstab geschickt haben. Die Priester von Konstanz wollten Gallus zum Bischof wählen. Aber Gallus suchte weder Ehre noch Reichtum. Aus seiner Einsiedelei entwickelte sich im 8. Jahrhundert das Kloster St. Gallen.

Gallus wird oft mit seinem Wanderstab oder mit einem Bären abgebildet. Er ist der Patron der Gänse, der Hühner und der Fieberkranken.

Der Freund der Hirten

Wendelin, 20. Oktober

Der Überlieferung nach war Wendelin ein schottischer Königssohn, der um 555 zur Welt kam. Als junger Mann beschloss er, eine Wallfahrt nach Rom zu unternehmen. Auf dem Rückweg erbaute er sich in der Nähe von Trier eine Klause, um als Einsiedler zu leben und auf sein königliches Erbe zu verzichten. Später wählten ihn die Mönche des Klosters Tholey zu ihrem Abt.

Als Wendelin sich in einem Wald in der Nähe der Stadt Trier niederließ, ahnte niemand, dass es sich bei dem jungen Einsiedler um einen Königssohn handelte. Eines Tages plagte ihn der Hunger. Da bat er einen Jäger, der an seiner Klause vorbeiritt, um ein Almosen.

«Tu etwas, dann brauchst du nicht zu betteln», belehrte der geizige Edelmann den Eremiten. «Wenn du Lust hast, kannst du mir die Schweine hüten.» Wendelin war einverstanden. Er versah seine Arbeit mit so viel Liebe zu den Tieren, dass ihm der Edelmann bald auch seine Kuh- und Schafherden zur Betreuung überließ.

Immer wieder zog es den Hirten zu einem dem Landgut nahe gelegenen Hügel, um zu beten. Dort entdeckte ihn sein Herr eines Abends vor einem aus Holz gebastelten Kreuz auf den Knien liegend.

«Solltest du mit den Tieren nicht schon unterwegs zu den Ställen sein?», fuhr er ihn an. «Sie werden sich in der Dunkelheit verirren …» «Beruhige dich», unterbrach ihn Wendelin. «Sie werden zur rechten Zeit und vor dir zu Hause sein.»

Der Edelmann gab seinem Pferd die Sporen und kehrte erzürnt über den unverschämten Hirten zu seinem Landgut zurück. Aber als er in die Nähe der Ställe kam, rannten ihm die Schafe blökend entgegen, die Mägde waren dabei, die Kühe zu melken, und Wendelin wünschte ihm einen guten Abend. Erschrocken über das Wunder, bat der Edelmann Wendelin um Verzeihung.

«Von nun an soll dich niemand mehr in deiner Andacht stören», sagte er. «Ich schenke dir Gold und Silber, damit du ohne Sorgen Gott dienen kannst.» «Ich brauche kein Gold und kein Silber», sagte Wendelin. «Wenn du magst, so schenke mir ein Stückchen Land, damit ich mir darauf eine Zelle bauen kann.» Der Edelmann erfüllte ihm die Bitte, und Wendelin lebte als Einsiedler, bis die Brüder aus dem nahen Kloster Tholey ihn darum baten, ihr Abt zu werden.

Auch als Vorsteher des Klosters lebte Wendelin einfach und bescheiden, wie er es als Einsiedler getan hatte. Erst bevor er im Jahr 617 starb, erfuhren der Bischof Severin von Trier und seine Mitbrüder, dass Wendelin ein Königssohn gewesen war. Die Mönche bestatteten Wendelin mit allen Ehren in der Klostergruft. Doch nach dem Begräbnis trauten sie ihren Augen nicht: Der Leichnam ihres Abtes lag wieder neben dem Grab wie am Tag zuvor.

Da luden sie den toten Wendelin auf einen Wagen, spannten zwei Ochsen davor und ließen sie ziehen, wohin sie wollten. Ohne zu zögern, wandten sich die Tiere dem Hügel zu, auf dem Wendelin vor vielen Jahren das einfache Kreuz errichtet und wo er so gern gebetet hatte. Dort wurde er nun zum zweiten Mal begraben und fand seine Ruhe für immer. Seine Grabstätte wurde zu einem Wallfahrtsort und entwickelte sich zur Stadt St. Wendel an der Saar.

Wendelin wird als Hirte dargestellt, mit einem Rosenkranz und einem Hirtenstab in der Hand, oft von den Tieren umgeben, die er einst gehütet hatte. Er ist der Freund aller Hirten und Bauern.

Der geteilte Mantel

Martin, 11. November

Martin wurde im Jahr 316 als Sohn eines Offiziers geboren. Mit fünfzehn Jahren wurde er Soldat und leistete Kriegsdienst in einem römischen Reiterheer. Seine Eltern glaubten nicht an Jesus. Martin aber ließ sich mit achtzehn Jahren taufen. Später überzeugte er auch seine Mutter von dem neuen Glauben, während sein Vater den alten Göttern die Treue hielt.

An einem Winterabend ritten ein paar römische Offiziere nach Amiens. Sie waren hungrig und froren. Sie beeilten sich. In der Stadt warteten ein Obdach, ein Feuer und eine kräftige Mahlzeit auf die Männer. Vor dem Stadttor stellte sich ihnen ein Bettler in den Weg. Er war nur mit einigen Lumpen bekleidet und zitterte vor Kälte.
«Schenkt mir ein Almosen», bat er.
«Mach dich davon», schrien die Offiziere. Nur Martin, der jüngste unter ihnen, hielt sein Pferd an und erbarmte sich des Mannes. Er nahm den wollenen Mantel von seiner Schulter, zog das Schwert aus der Scheide und schnitt das Tuch in zwei Teile. Die eine Hälfte reichte er dem Bettler. Als er seine Kameraden eingeholt hatte, lachten sie über ihn. Doch Martin war es gewohnt, für seine Mildtätigkeit verspottet zu werden. «Ich kann nicht anders», sagte er.
In der Nacht erschien ihm Jesus Christus. Er war mit der Hälfte des Mantels bekleidet, die Martin dem Bettler geschenkt hatte. Eine Schar Engel begleitete ihn, und Jesus sagte zu ihnen: «Schaut, da ist Martin. Er hat mir die Hälfte seines Mantels gegeben. Er kennt mich nicht, und doch dient er mir.»
Nach diesem Traum ließ sich Martin im christlichen Glauben unterweisen und bekannte sich zum Christentum.
Als der Bischof von Tours starb, beschlossen die Bewohner der Stadt, Martin zu ihrem neuen Hirten zu wählen. Aber Martin hatte kein Verlangen, sich mit dem Prunk eines Bischofs zu umgeben. «Lieber bleibe ich ein einfacher Mönch», sagte er. Da machten sich einige Frauen und Männer von Tours auf, um Martin zu überreden.

Martin, der sie von Weitem kommen sah, flüchtete sich in einen Gänsestall. Doch das Geschnatter des Federviehs verriet den Suchenden das Versteck. «Martin, wir brauchen dich», sagten sie. Da willigte Martin endlich ein, das schwere Amt zu übernehmen, aber er weigerte sich, in den Bischofspalast einzuziehen. Er blieb in dem von ihm gegründeten Kloster Marmoutier wohnen. Dort fühlte er sich unter einfachen Menschen zu Hause.
Nach Martins Tod wurden die Stadt Tours und die Basilika ein Wallfahrtsort. An vielen Orten wird heute noch am 11. November zu seinen Ehren ein Markt abgehalten oder eine Gans geschlachtet, die Martinigans. Kinder ziehen mit Laternen durch die Straßen.

Martin wird als Krieger auf einem weißen Pferd dargestellt, oft mit einer Gans unter dem Arm. Martin ist der Patron der Bettler, der Soldaten und der Waffenschmiede.

Wein vom besten

Florinus, 17. November

Florinus kam im Matscher Tal im Vintschgau zur Welt. Er war der Sohn eines Angelsachsen und einer christlichen Jüdin, die auf einer Pilgerreise nach Rom in Südtirol eine neue Heimat gefunden hatten. Um ihren Sohn im Glauben unterweisen zu lassen, schickten sie ihn zum Pfarrer nach Ramosch im Unterengadin.

Eines Tages schickte Alexander, so hieß der Pfarrer von Ramosch, seinen Schüler in die nahe Burg Carritia und beauftragte ihn, den Burgherrn um einen Krug Wein zu bitten.
Florin machte sich fröhlich auf den Weg. Der Ritter war immer zu einem Spaß aufgelegt und gerne bereit, dem Pfarrer und seinem Schüler etwas für ihr leibliches Wohl zu spenden.
«Fülle seinen Krug nicht mit dem gewöhnlichen Wein, sondern gib ihm heute von unserm besten», befahl der Burgherr einem seiner Knechte. Der Mann gehorchte widerwillig.
«Vom besten», brummte er, als er Florinus den vollen Krug reichte. «Für dich und den Pfarrer täte es auch der gewöhnliche.»
Florinus lachte unbekümmert in sein griesgrämiges Gesicht, bedankte sich und machte sich auf den Heimweg. Er war kaum ein paar Schritte gegangen, da traf er eine Frau, die ihn für ihren kranken Mann um eine Gabe bat. Ohne lange zu überlegen und weil er nichts anderes hatte, goss er ihr den kostbaren Wein in ihre hölzerne Milchschüssel.
«Es ist vom besten», sagte er. «Der Trank wird deinem Mann guttun.» Nachher kehrte er auf die Burg zurück. Vielleicht würde der Burgherr ihn verstehen und ihm den Krug ein zweites Mal füllen. Doch der Knecht, der alles mit angesehen hatte, jagte ihn mit Schlägen und bösen Worten davon.
Dann muss mein Lehrer heute mit dem vorliebnehmen, was uns der Herrgott schenkt, dachte Florinus und hielt den Krug unter einen Brunnen mit klarem Wasser. Doch als er kurz darauf dem Pfarrer davon in den Becher einschenkte, verwandelte sich das klare Wasser in roten Wein – vom besten.
Der Brunnen, aus dem Florinus das Wasser geschöpft hatte, heißt heute noch «Der Brunnen vom heiligen Florin».

In Ramosch blieb Florinus ein Leben lang, wurde Priester und nach dem Tod seines Lehrers dessen Nachfolger. Vermutlich starb Florinus am 17. November 856. Nach seinem Tode wurden ihm viele Wunder zugeschrieben. Wenn ein Kind Florina, Florin oder auch Flurina getauft wird, so geschieht es zu seinen Ehren. Der Name Florinus kommt aus dem Lateinischen und bedeutet «der immer Blühende».

Florinus wird im Priestergewand mit Kanne und Kelch dargestellt. Florinus ist der Patron des Vintschgaus in Südtirol und des Unterengadins in der Schweiz.

Die Königstochter aus Ungarn

Elisabeth, 19. November

Elisabeth war eine Königstochter aus Ungarn. Mit fünf Jahren wurde sie dem elfjährigen Grafen von Thüringen als Gemahlin versprochen und mit kostbaren Geschenken versehen auf die Wartburg, den Stammsitz der Thüringer Grafenfamilie, gebracht. Alle mochten die Prinzessin. Auch Ludwig war seiner zukünftigen Frau zugetan. Im Jahr 1221 wurde mit großem Prunk die Hochzeit gefeiert. Elisabeth war fünfzehn Jahre alt. Bald begann sich die Hofgesellschaft über die junge Fürstin zu wundern. Schlichte Kleider waren ihr lieber als mit Perlen und Diamanten besetzte Gewänder. Sie sah die Not und die Armut des Volkes und fing an, sich um die Kranken zu kümmern. Damit schuf sich Elisabeth unter den Höflingen Feinde. Doch Ludwig verteidigte seine Frau und ließ sie gewähren.

Einmal begegnete Elisabeth auf der Straße einem Jungen, der sie um ein Almosen bat. Ohne lange zu überlegen, nahm sie ihn mit auf die Burg. Weil ihr Mann verreist war, legte sie ihn in ihr eigenes Bett, pflegte seine Wunden und gab ihm zu essen und zu trinken. Elisabeths Feinde fingen an zu tuscheln. Ein Bettelkind in seinem Ehebett, das würde auch Ludwig nicht mehr dulden. Als Ludwig unerwartet nach Hause kam, triumphierten sie.
«Dein Lager ist besetzt», spottete Heinrich, Ludwigs jüngerer Bruder. Ludwig erschrak. Aber als er in sein Schlafgemach trat und die Bettdecke zurückschlug, sah er anstelle eines Betteljungen den gekreuzigten Christus. Und da wusste er für immer, dass Elisabeth im Namen Gottes handelte.
Eines Tages machte sich Elisabeth mit einem Korb voller Brote auf den Weg von der Burg ins Dorf hinunter. Da kam ihr Heinrich entgegengeritten. Als seine Schwägerin vor ihm stand, lachte er höhnisch auf. Nun würde er sie auf frischer Tat ertappen und bestrafen.
«Was hast du in deinem Korb?», herrschte er sie an.
Elisabeth wusste nicht, wer ihr die Worte eingab. Ohne zu zögern, sagte sie: «Es sind Rosen.»
Heinrich stieg vom Pferd und riss das Tuch vom Korb. Im Korb lagen statt der Brote Rosen. Heinrich schwang sich aufs Pferd und ritt wortlos davon. Elisabeth aber setzte ihren Weg fort und verteilte die frischen Brote unter die Armen.

Im Jahre 1227 nahm Ludwig an einem Kreuzzug teil. Bald kam die Nachricht von seinem Tod auf die Burg. Nun trat Heinrich, sein Bruder, an seine Stelle. Er verbot Elisabeth, Nahrungsmittel aus der Burg unter das Volk zu verteilen. Aber Elisabeth ließ sich nicht einschüchtern. Mit ihren drei Kindern musste sie die Burg verlassen. Verwandte schenkten ihr Güter in der Nähe von Marburg an der Lahn. Sie ließ ein Spital bauen und widmete sich bis zu ihrem Tod der Aufgabe, Not leidenden Mitmenschen zu helfen. Elisabeth starb 1231, mit vierundzwanzig Jahren.
Schon vier Jahre nach ihrem Tod wurde Elisabeth von Papst Gregor IX. heiliggesprochen. Über ihrem Grab in Marburg wurde eine der ersten gotischen Kirchen in Deutschland errichtet.

Dargestellt wird Elisabeth mit Brot und Rosen. Besonders verehrt wird sie von den Bäckern und den Bettlern.

Das Andreaskreuz

Andreas, 30. November

Zusammen mit seinem Bruder Simon lebte Andreas als Fischer in Kafarnaum am See Gennesaret. Von Johannes dem Täufer hörte er von Jesus aus Nazaret, dem einfachen Sohn eines Zimmermanns. Andreas wurde sein erster mit Namen bekannter Jünger, «der Erstberufene», wie er später genannt wurde. Andreas gelang es, auch Simon von Jesus zu überzeugen. «Folgt mir nach, ich will euch zu Menschenfischern machen», sagte Jesus zu den beiden Brüdern. Ohne zu zögern, verschenkten sie ihr Boot und ihre Netze und blieben bis zum Ende bei ihm.
Zu Simon sagte Jesus: «Du bist Petrus, der Fels, und auf diesem Felsen will ich meine Kirche bauen.» So wurde Simon zu Petrus und später zum ersten Papst.
Nach dem Tod Jesu zogen die Jünger als Apostel in die Welt hinaus, um die Botschaft von der Liebe Gottes zu allen Geschöpfen weiter zu verkünden, Andreas vor allem am Schwarzen Meer und in Griechenland. Von Andreas sind uns zahlreiche Legenden erhalten geblieben.

Ein junger Mann aus wohlhabender Familie war von Andreas und seinen Predigten so tief berührt, dass er sich entschloss, ihm nachzufolgen und seine Mutter und seinen Vater zu verlassen. Das stürzte die Eltern in großen Kummer, und in ihrer Verzweiflung legten sie Feuer an das Haus, in dem ihr Sohn mit Andreas zusammen war. Als die Flammen schon aus dem Fenster loderten, reichte Andreas dem jungen Mann ein Fläschchen:
«Gieß dieses Wasser ins Feuer!» sagte er. Sogleich brach das Feuer in sich zusammen und erlosch.
«Unser Sohn ist ein Zauberer geworden. Andreas hat ihn verführt!», schrien Vater und Mutter. Sie holten eine Leiter, um in den ersten Stock hinaufzusteigen und ihren Sohn nach Hause zu holen. Doch da ließ Gott sie blind werden. Sie konnten auf einmal weder die Leiter noch ihre Sprossen erkennen. Neugierige Nachbarn hatten sich inzwischen vor dem Haus versammelt. Laut rief einer von ihnen:
«Was wollt ihr denn? Gott kämpft für sie! Lasst Andreas und seine Freunde in Ruhe,

bevor Gott euch straft!» Viele der Zuschauer begannen durch dieses Erlebnis an den unsichtbaren Gott zu glauben, von dem der Apostel ihnen erzählt hatte. Die Eltern des jungen Mannes aber verharrten in ihrem Zorn. Sie starben einsam und verbittert.
Im Jahr 60 wurde Andreas durch einen Statthalter ddes Kaisers Nero zum Tode verurteilt. Andreas hatte sich geweigert, Jesus zu verleugnen und den heidnischen Göttern zu dienen. Er wird zu einem langsamen Tod an ein schräges Gabelkreuz gebunden. Umgeben von einem himmlischen Licht hört er zwei Tage lang nicht auf, dem versammelten Volk die frohe Botschaft zu verkünden. Andreas starb am 30. November des Jahres 60.

Dargestellt wird Andreas mit einem Buch, mit seinem Kreuz (Andreaskreuz genannt), ohne Schuhe und mit langem Haar und Bart. Er ist auch der Heilige der Bergarbeiter, Fischer und Metzger.

Mitten im Winter

Barbara, 4. Dezember

Es wird vermutet, dass Barbara um das Jahr 300 gelebt hat. Sie war die Tochter des Dioskuros, eines reichen Mannes aus Nikodemien in der Nähe des heutigen Istanbul. Sie starb unter Kaiser Maximin als Märtyrerin für den Glauben an Jesus Christus.

Barbaras Mutter war früh gestorben. Der Vater ließ Barbara sorgfältig erziehen. Er hoffte, sie würde später einen vornehmen Mann heiraten. Wenn er verreisen musste, sperrte er sie jedes Mal in einen Turm ein, um sie vor fremden Einflüssen zu bewahren. Nur die Dienerinnen und ihr Lehrer durften zu ihr kommen.

Der Lehrer war ein Anhänger des Christentums. Sein Herz war davon so erfüllt, dass er auch Barbara von Jesus erzählte. Auf Barbaras Wunsch ließ der Vater in ihrem Turm ein Bad bauen. Es sollte zwei Fenster haben. Aber Barbara bat den Maurer, nicht zwei, sondern drei Fenster in die Mauer zu schlagen. In den feuchten Putz ritzte sie ein Kreuz. Der Vater stellte Barbara für ihr eigenmächtiges Tun zur Rede. Da sagte sie ihm: «Ich glaube an Christus, den Erlöser. Die drei Fenster sind ein Symbol für den dreifaltigen Gott und für das mir von ihm geschenkte Licht.»

Der Vater, der die Christen hasste, wurde zornig. «Du hast unsere alten Götter verraten», schrie er. «Ich befehle dir, dem neuen Glauben abzuschwören.»

Barbara weigerte sich. Da verwandelte sich die blinde Liebe des Vaters zu seinem Kind in Hass. Barbara musste vor ihm fliehen. Sie versteckte sich in einer Felsenhöhle auf einem abgelegenen Feld, doch ein Hirte verriet sie. Der Vater nahm sie gefangen und schleppte sie vor den Statthalter.

«Nackt und den Leuten zum Spott sollst du auf dem Marktplatz zur Schau gestellt werden», sagte er. Als er seine Drohung wahrmachte, kamen Engel vom Himmel und hüllten Barbara in ein schneeweißes Gewand.

Der Statthalter ließ Barbara foltern, doch die Geißeln in den Händen der Knechte verwandelten sich in Pfauenfedern.

Ohnmächtig in seiner Wut griff der Vater selbst zum Schwert und tötete sein Kind. Verzweifelt ritt er nach Hause. Unterwegs erschlug ihn ein Blitz und verbrannte seinen Leib zu Asche. Der Hirte aber, der Barbara verraten hatte, erstarrte zu einer steinernen Säule, und seine Schafe flogen als Heuschrecken davon.

Barbaras Namenstag ist der 4. Dezember. Seit dem Mittelalter gehört sie zu den beliebtesten Heiligen. Besonders verehrt wird Barbara in der Stadt Catania in Sizilien. Viele Leute stellen am 4. Dezember einen Kirschbaumzweig ins Wasser, den Barbarazweig. Wenn seine Blüten aufgehen, ist Weihnachten.

Häufig wird sie mit einem Turm dargestellt, auch mit Palmzweigen und Pfauenfedern. Sie ist die Schutzpatronin der Bergführer, der Architekten und der Gefangenen.

Sankt Nikolaus

Nikolaus, 6. Dezember

Von Nikolaus wissen wir, dass er um das Jahr 270 in Patras in Kleinasien geboren wurde und Bischof von Myra war. Sein Vater soll Euphemius und seine Mutter Anna geheißen haben. Er war ihr einziges Kind und viele Jahre nach ihrer Hochzeit zur Welt gekommen. Sie nannten ihn Nikolaus. Das bedeutet «Sieg des Volkes». Er wurde von seinen christlichen Eltern auf gute Schulen geschickt und zum Priester ausgebildet. Als seine Eltern starben, hinterließen sie ihrem Sohn ein großes Vermögen.

Als Nikolaus Bischof von Myra war, lebte in seiner Nachbarschaft ein verarmter Edelmann. Dieser Mann hatte drei Töchter. Weil er ihnen aber keine Mitgift geben konnte, war niemand bereit, sie zu heiraten. In seiner Verzweiflung dachte der Vater, es werde ihm nichts anderes übrig bleiben, als sie wie Bettlerinnen auf die Straße zu schicken. Nikolaus, der von der Not der Familie hörte, empfand Mitleid und beschloss, ihnen auf seine Weise zu helfen.
Eines Abends fand die älteste Tochter einen Beutel voller Goldstücke in ihrer Schlafkammer. Nikolaus hatte ihr die Gabe durch das offene Fenster geworfen. Nun konnte sie sich eine Aussteuer kaufen und Hochzeit feiern.
Einige Tage später fand auch das zweitälteste Mädchen das gleiche Geschenk vor ihrem Bett liegen. «Wer mag uns gerettet haben?», fragte sich der Vater. Neugierig geworden, passte er von jetzt an gut auf.
Als nun Nikolaus auch sein jüngstes Kind heimlich bescheren wollte, erkannte er ihn. Dankbar fiel er vor ihm auf die Knie, um seine Füße zu küssen. Nikolaus verwehrte es ihm erschrocken.
«Verrate niemandem, wer dir geholfen hat», bat er. Und als der Edelmann verwundert schwieg, fuhr er fort: «Nicht mir, sondern dem lieben Gott sollst du danken. Ich bin nur sein Verwalter.»

Ein Schiff war in Seenot geraten. Da riefen die Matrosen in ihrer Todesangst: «Heiliger Nikolaus, wir haben von dir so viel Gutes gehört. Hilf uns.» Kaum hatten sie diese Worte ausgesprochen, stand ein Fremder auf dem Deck und sagte: «Ihr ruft mich. Hier bin ich.» Er nahm das Steuer in die Hand und führte das Schiff sicher durch die Wellen. Erst als der Sturm sich gelegt hatte, verschwand er wieder.
Als die Seeleute wohlbehalten im Hafen von Bari angekommen waren, eilten sie in die Kirche, um Nikolaus für das Wunder zu danken. In der Kirche von Bari lagen die Reliquien des Heiligen. Die Männer knieten vor seinem Grab nieder und fingen an zu beten. Da hörten sie abermals eine Stimme, die sagte: «Nicht ich, sondern euer Glaube hat euch geholfen.»

Nikolaus starb um 350. Erst nach seinem Tod wurde offenbar, wie viel Gutes er getan hatte. Um seine Gestalt bildeten sich viele Legenden, zuerst in Griechenland und im Süden Italiens. Im Frühling des Jahres 1087 wurden die Reliquien des Heiligen von Myra nach Bari gebracht. Die Leute von Bari feiern ihn immer am 9. Mai mit einem großen Fest.
Viele Kirchen sind nach Nikolaus benannt.
Klausjagden, Umzüge und andere Nikolausbräuche sind bis auf den heutigen Tag erhalten. Wenn der Nikolaus um den 6. Dezember herum im Bischofsgewand mit seinem Knecht Ruprecht durch die Straßen zieht, ist er für ,die Kinder wieder lebendig geworden.
Nikolaus wird als Bischof dargestellt.

Die Lichtträgerin

Lucia, 13. Dezember

Lucia lebte im 3. Jahrhundert in Sizilien. Sie war die Tochter einer vornehmen Witwe aus Syrakus. Das Mädchen war einem jungen Mann als Braut versprochen. Nachdem sie sich zum christlichen Glauben bekehrt hatte, bat sie ihre Mutter, ledig bleiben zu dürfen. Sie verschenkte die ihr zustehende Mitgift an die Armen. Ihr Bräutigam verriet sie darauf dem Statthalter des Kaisers, der sie foltern ließ. Lucia weigerte sich, ihrem Glauben abzuschwören, und starb als Märtyrerin im Jahr 310.

Lucia war eine Verehrerin der heiligen Agatha, die in Catania für ihren Glauben gestorben war. «Lass uns eine Wallfahrt nach Catania machen», bat Lucia ihre Mutter, die an einer schweren Krankheit litt. «Vielleicht kann sie dir helfen.» Die Mutter war einverstanden.
Am Grab Agathas begannen die Frauen zu beten und die Märtyrerin um Hilfe anzuflehen. Während der Messe wurde aus dem Evangelium vorgelesen, in dem Matthäus erzählt, wie Jesus eine kranke Frau heilt.
«Wenn du glaubst, was du hörst, und dabei das Grab Agathas berührst, wirst du wieder gesund werden», sagte Lucia zu ihrer Mutter.
Als der Priester die Messe zu Ende gefeiert hatte und auch die anderen Besucher der Grabstätte längst fortgegangen waren, verharrten Lucia und ihre Mutter auf der Stelle, bis es dunkel wurde und die Sterne am Himmel erschienen. Plötzlich sah Lucia Agatha vor sich stehen, mit Edelsteinen geschmückt und von Engeln umgeben.
«Lucia, meine Schwester», sprach die wunderbare Erscheinung, «warum bittest du mich für deine Mutter um die Heilung ihrer Krankheit, wenn du doch selbst die Kraft dazu hast. Schau, durch deinen Glauben ist sie wieder gesund geworden.»
Von diesem Augenblick an war die Mutter von ihrem Leiden erlöst und wurde wie ihre Tochter eine überzeugte Christin.
«Nun bitte ich dich», sagte Lucia zu ihr, «sprich mir in Zukunft nicht mehr von einem Bräutigam und lass uns die mir zugedachte Mitgift den Armen schenken.»
«Warte damit, bis ich gestorben bin», meinte die Mutter. «Nachher kannst du mit meinem und deinem Vermögen machen, was du willst.»

«Was du nach deinem Tod gibst, fällt dir leicht zu geben, weil du nichts mitnehmen kannst», antwortete Lucia. «Gib und verschenke, was du hast, solange du lebst.»
Als der Bräutigam Lucias erfuhr, dass seine ihm versprochene Braut ihre Mitgift verschenkte und keine Lust mehr zeigte, ihn zu heiraten, verklagte er sie bei Paschasius, dem Statthalter des Kaisers Maximin. Paschasius ließ Lucia zu sich kommen. Er tadelte sie für ihr Verhalten und befahl ihr, wie früher den Göttern zu opfern.
«Mein Opfer ist es, zu den Armen zu gehen und ihnen zu helfen. Ich bin auch bereit, mich selbst zu opfern. Du fürchtest den Kaiser, ich aber fürchte Gott.»
«Du bist verrückt geworden», sagte Paschasius. «Ich werde dich in ein Haus bringen lassen, wo jeder mit dir machen kann, was er will. Sicher wirst du wieder zur Vernunft kommen, wenn du die Peitsche spürst.»
Aber als der Statthalter befahl, Lucia zu fesseln und in jenes Haus zu bringen, gelang es weder einem Ochsengespann noch tausend Männern, sie von der Stelle zu rühren.
«Sie soll verbrannt werden», schrie Paschasius in seiner Ohnmacht. Doch sogar das Feuer vermochte Lucia nichts anzutun. Erst als die Folterer Lucia ein Schwert in die Kehle stießen, brach sie zusammen. Von allen Schmerzen erlöst, starb Lucia in den Armen ihrer christlichen Brüder und Schwestern.
Sie dankte Gott für ihr Martyrium und sagte mit klarer Stimme: «Wie Agatha die Beschützerin Catanias geworden ist, so werde ich die Helferin von Syrakus sein.»

Der Legende nach wurde an der Stelle, an der Lucia starb, eine Kirche errichtet. Lucia wurde im Lauf der Jahrhunderte auf verschiedene Arten dargestellt, seit dem 15. Jahrhundert oft mit einem Palmzweig und einem Buch in der Hand, den Hals von einem Dolch oder Schwert durchstoßen. Hin und wieder trägt sie auch ein Licht oder eine Kerze in der Hand. Das erinnert uns an ihren Namen. Lucia kommt von dem lateinischen Wort lux und bedeutet Licht. In Schweden wird Lucia mit einem besonderen Brauch gefeiert. Das älteste Mädchen einer Familie ist die Lucia-Braut. Am 13. Dezember trägt sie auf dem Kopf einen grünen Kranz mit Kerzen. Sie weckt die Eltern und Geschwister mit den ersten Plätzchen, die für das Weihnachtsfest gebacken wurden.
Lucia wird mit einem Kerzenkranz auf dem Kopf dargestellt.

Gedanken zu diesem Buch

Sammlungen von Heiligengeschichten hießen früher „Legenda". Das kann mit „was gelesen werden muss" übersetzt werden. Später wurden auch die einzelnen Geschichten Legenden genannt. In seiner ursprünglichen Bedeutung ist „Legende" auch eine kurz gefasste Erklärung zu Bildern, Architekturzeichnungen und Plänen. Heute verbindet sich der Begriff meistens mit einem überlieferten Bericht, mit einer besonderen Begebenheit aus dem Leben eines Heiligen.

Legenden sind Geschichten, in denen Dinge geschehen, die nicht mit dem Verstand zu erklären sind, in denen eine höhere Macht eingreift und dem Guten – auch wenn es mit dem Tod bezahlt werden muss – zum Sieg verhilft. Im Märchen wird der Sieg des Guten über das Böse mit Hilfe von Symbolfiguren gestaltet, in den Heiligenlegenden sind es Individuen, denen „das Wunder" geschieht. Und es ist kein Zufälliges, sondern gehört zu ihrem Charakter. So wird die Legende auch zu einem Teil der Biografie, ist zu deren Verständnis notwendig, ist die eigentliche Wahrheit. Was wäre Franz von Assisi ohne die Legenden, die über ihn erzählt wurden? Oder man denke an Christophorus, der im Gegensatz zu Franz nicht fasten mag und auch nicht beten kann. Er braucht die körperliche Kraft, um die ihm vom Schicksal zugewiesene Aufgabe zu erfüllen.

Heiligkeit ist keiner sozialen Schicht vorbehalten, ist auch keine Frage der Bildung. Der Zimmermann Josef oder die Prinzessin Elisabeth sind gleichermaßen auserwählt. Was sie unsterblich macht, sind aber nicht die Tatsachen aus ihrem Leben, sondern die Legenden. Den schönsten unter ihnen hat auch die Zeit nichts von ihrer Frische genommen. Sie erzählen von jenen Erfahrungen, die allen gesellschaftlichen Veränderungen zum Trotz das Wesen des Menschen ausmachen.

„Heilig" heißt nicht fehlerlos, sondern „Gott gehörig". Das Beispielhafte an den Heiligen ist also nicht ihre unerreichbare Vollkommenheit, sondern ihr Bemühen, mit Schwächen, Versuchungen und Widersprüchen fertigzuwerden. Schwach ist nicht, wer sündigt, sondern wer das Vertrauen auf Gott verliert. Die Belohnung für dieses Vertrauen ist das Wunder.

Wer sich mit dem Leben der Heiligen beschäftigt, wird nicht nur ihren unerschütterlichen Glauben, sondern auch ihren Mut bewundern, den Mächtigen, oft auch innerhalb der eigenen Glaubensgemeinschaft, Widerstand zu leisten und Ungerechtigkeit zu bekämpfen. Es ist das, was sie aktuell macht und uns auch heute noch bewegt.

Die hier vorliegende Auswahl beschränkt sich auf überliefertes christliches Legendengut. Sie ist keine zufällige. Es ging mir vor allem darum, Vielfalt aufzuzeigen. So reicht der zeitliche Bogen von Matthias dem Apostel bis zu Maximilian Kolbe. Odilio Lechner, Abt von St. Bonifaz, nennt die Auseinandersetzung mit den Heiligen zu Recht »eine Reise zu vielen Menschen, zu ihren Bildern, zu mannigfachen Orten der Erde, eine Reise durch verschiedene Zeiten der Geschichte«.

Die Kindheit ist der Grundstein für das ganze Leben. Ein Teil dieses Grundsteins sind Geschichten, Märchen und Legenden. Kinder sind auf eine natürliche Art imstande, Märchen und Legenden zu verstehen und zu verarbeiten. Sie spüren, dass sie mittels Bildern und Symbolen eine Antwort auf eine unbewusste, aber wichtige Frage bekommen: Wer bin ich eigentlich?

Wie die Märchen und Sagen sind Legenden Volkserzählungen zum täglichen Gebrauch im Lauf des Jahres. In der Art des Erzählens, der Freiheit des Weglassens oder des Hinzufügens spiegeln sich Ort und Zeit, nicht zuletzt auch die Persönlichkeit des Erzählers oder der Erzählerin.

Heilige werden dem Kind oft als Vorbild hingestellt. Wer das ohne erhobenen Zeigefinger und ohne zu moralisieren tut, braucht sich nicht zu schämen. Auch heute scheint es mir keine Schande zu sein, Kinder zu lehren, dass Aufrichtigkeit, Erbarmen mit den Hilflosen, Toleranz und Treue keine veralteten Tugenden sind. Wie das Märchen gehören auch die Legenden zu den Geschichten, die dem Kind helfen, sich selbst kennenzulernen, die ihm Mut und Vertrauen in die eigenen Kräfte geben. Darüber hinaus sind sie eine allen verständliche Glaubensbotschaft. Sie darf aber nicht dazu missbraucht werden, eine Religion den andern in Konkurrenz gegenüberzustellen. Toleranz ist notwendiger denn eh und je.

Gott hat viele Namen.

Alphabetisches Namensverzeichnis